农村低收入家庭从脱贫走向共同富裕实践研究

黄娟娟　著

中国财经出版传媒集团

经济科学出版社

Economic Science Press

图书在版编目（CIP）数据

农村低收入家庭从脱贫走向共同富裕实践研究/黄娟娟著 . -- 北京：经济科学出版社，2023.5
ISBN 978 - 7 - 5218 - 4757 - 4

Ⅰ.①农…　Ⅱ.①黄…　Ⅲ.①农村 - 家庭 - 扶贫 - 研究 - 中国②农村 - 家庭 - 共同富裕 - 研究 - 中国　Ⅳ.
①F323.8②F124.7

中国国家版本馆 CIP 数据核字（2023）第 081311 号

责任编辑：李晓杰
责任校对：刘　昕
责任印制：张佳裕

农村低收入家庭从脱贫走向共同富裕实践研究
黄娟娟　著

经济科学出版社出版、发行　新华书店经销
社址：北京市海淀区阜成路甲 28 号　邮编：100142
教材分社电话：010 - 88191645　发行部电话：010 - 88191522
网址：www. esp. com. cn
电子邮箱：lxj8623160@ 163. com
天猫网店：经济科学出版社旗舰店
网址：http://jjkxcbs. tmall. com
北京密兴印刷有限公司印装
710 × 1000　16 开　12.25 印张　210000 字
2023 年 9 月第 1 版　2023 年 9 月第 1 次印刷
ISBN 978 - 7 - 5218 - 4757 - 4　定价：56.00 元
（图书出现印装问题，本社负责调换。电话：010 - 88191545）
（版权所有　侵权必究　打击盗版　举报热线：010 - 88191661
QQ：2242791300　营销中心电话：010 - 88191537
电子邮箱：dbts@ esp. com. cn）

前　　言

　　2020 年是脱贫攻坚战的决胜之年，全面建成小康社会取得了伟大历史性成就，脱贫攻坚战取得了决定性胜利。农村低收入家庭彻底消除绝对贫困，在实现共同富裕的道路上迈出了坚实的一大步。全面建成小康社会是推动共同富裕的基础，共同富裕是社会主义的本质要求，是中国式现代化的重要特征，要坚持以人民为中心的发展思想，在高质量发展中促进共同富裕。农村低收入家庭作为实现共同富裕的重点关注人群，经过一系列扶贫政策的帮扶，生产生活有了较大改善，获得感增强，幸福感提升。如何科学地量化获得感和幸福感？扶贫政策帮扶效应如何？家庭收入的增加是否具有可持续性？这些问题的回答是精准扶贫后农村低收入家庭整体脱贫状况的评估测量，对实现阶段式的共同富裕具有非常现实的意义。

　　在脱贫过程中，农村低收入家庭在各项帮扶政策的推动下，生产生活得到了明显改善，这就为研究政策效应提供了试验田。本书从微观视角以农村低收入家庭为主要研究对象，紧紧围绕增收这个主要任务，进行宏观层面和微观层面的探讨。（1）宏观层面，在经济理论上分析了其增收来源，在数学理论上分析了增收后的支出改变状况，为农村低收入家庭脱贫后进入相对贫困状态的共同富裕做理论探讨；（2）微观层面，根据乡镇基层建档立卡的农村低收入家庭数据，用计量经济学模型量化分析了帮扶政策对农村低收入家庭的收入增加效果，并对国家的帮扶政策结合农村低收入家庭的内生动力带来的共同富裕增收效应进行评估，也针对政策执行中产生的问题提出了优化建议。

　　首先，从农村低收入家庭的收入来源方面进行经济理论分析。在国家各项政策的实施中，农村低收入家庭的收入大多不是单一收入来源，来源多样化能够促进增收稳固程度。根据农村低收入家庭的现状，主要讨论了农村低收入家庭的工资收入和分配收入，综合描述了农村低收入家庭内生脱贫动力和国家保障政策对农村低收入家庭的收入增加理论；在最优控制方法的限制性约束条件中加入政策帮扶，用数理方法分析了农村低收入家庭收入增加后的消费、信贷和投资的变化，发现其消费增加，但是基于自身收入增加可持续性的信贷和投资没有改观，其脱贫后收入增加的主观能动性仍需加强。

其次，分析了国家人力、财力两个方面投入（五个因素）对农村低收入家庭增收的共同富裕程度的影响。（1）关于人力方面投入，帮扶单位派驻乡村第一书记驻村是我国开展农村帮扶工作的有效方式之一，利用双重差分倾向得分匹配法（PSM－DID）模型评估乡村第一书记驻村帮扶对农村低收入家庭收入的影响。研究发现派驻乡村第一书记确实能有效提高农村低收入家庭收入，市派乡村第一书记对农村低收入家庭增收的促进作用显著大于省派和县（区）派乡村第一书记，主体的派出层级越高对农村低收入家庭的帮扶越有效的结论不具有普遍性。（2）关于财力投入方面，运用有序 Logit 模型和倾向性得分匹配法（PSM），评估财政资金投入对农村低收入家庭的共同富裕程度的影响，包括财政专项资金和财政惠民支出。财政专项资金是中央政府和各级地方政府的投入，其很大比例使用在产业项目和金融信贷帮扶方面，具体评估了产业项目帮扶收益分配和金融信贷帮扶收益分配对农村低收入家庭增收程度的效应。结果显示，财政专项资金帮扶是农村低收入家庭增收不可缺少的助力，值得在共同富裕时代继续发力。但是产业项目的发展受市场的影响较大，收益的保障是个难题；金融信贷帮扶和贷款企业的效益相关联，如何选择优质的又乐于帮扶的企业也是一项挑战性的任务。财政惠民资金包括新农保和低保，直接给符合条件的农村低收入家庭发放一定的现金，这些收入对家庭带来的影响程度也是需要关注的问题。

最后，农村低收入家庭的改善程度的评估是非常重要的。用 Weibull 函数对农村低收入家庭的内生脱贫动力进行量化，定义了增收稳固程度和劳动收入的概念。建立二元离散 Logistic 选择模型，利用动态阈值分析各种帮扶政策下，农村低收入家庭的收入可持续增加效果，评估增收改善的效率。本书研究发现，在 0.4 的阈值下，可以取得良好的帮扶效果。农村低收入家庭以劳动收入主动实现共同富裕虽然显著，但劳动收入所占总收入比例太小，对增收稳固程度贡献仍需增强。要巩固拓展脱贫攻坚成果，增强脱贫地区和脱贫群众内生发展动力，建议坚持鼓励农村低收入家庭自主增收，增加可持续性收入，并根据精准识别的农村低收入家庭数据，做好兜底帮扶，满足农村低收入家庭的生存需求增长期望，实现阶段式的共同富裕。

黄娟娟

2023 年 3 月 20 日

目
录
contents

>   >   >   >   >   >

第一章

绪　　论

第一节　选题背景及研究意义

一、选题背景

贫困问题是制约人类社会和平发展的重要因素之一，消除贫困面临着巨大挑战。中国人民经过 2016～2020 年的大规模精准扶贫，全面消除了绝对贫困，继续努力实现阶段式的共同富裕。实现共同富裕是一个综合工程，需要多方面力量的同心共筑，比起精准扶贫的要求，标准更高，需要更高程度地改善家庭的生产生活水平。习近平总书记指出："我们要实现 14 亿人共同富裕，必须脚踏实地、久久为功，不是所有人都同时富裕，也不是所有地区同时达到一个富裕水准，不同人群不仅实现富裕的程度有高有低，时间上也会有先有后，不同地区富裕程度还会存在一定差异，不可能齐头并进。这是一个在动态中向前发展的过程，要持续推动，不断取得成效。"① 党的十八大以来，中国人民在经济建设这条道路上努力奋进，2020 年 GDP 突破了百万亿元大关，人均国内生产总值连续两年超过 1 万美元，稳居中等偏上收入国家行列，与高收入国家发

---

① 2021 年 8 月 17 日，习近平在中央财经委员会第十次会议上的讲话，http：//fj. people. com. cn/n2/2021/0824/c181466 - 34880660. html.

展的差距继续缩小。① 我国要继续做好经济建设，最大可能地释放每一个人的创新创造活力，为实现国强民富、共同富裕夯实基础。什么是共同富裕？共同富裕是全体人民通过辛勤劳动和相互帮助最终达到丰衣足食的生活水平，也就是在消除两极分化和贫穷基础上的普遍富裕，因此农村低收入家庭是实现共同富裕需要特别关注的群体。

在绝对贫困面前，人们最基本的衣、食、住、行需求，包括食物、衣物、房屋等无法得到满足，而且这个标准不会随环境的改变而改变；相对贫困则是在特定环境中无法满足平均的生活标准。自然环境因素、政治因素、世界财富分配不均等都是造成绝对贫困的主要原因。从微观贫困个体来看，贫困带给人类巨大的伤害，有学者将贫困原因概括为收入贫困、能力贫困和权利贫困，无法同等享受基本权利，从而还造成了贫困的恶性循环，难以脱贫。贫困可以有一个人为划定的标准，这就是贫困线，世界银行在《2018 贫困与共享繁荣：拼出贫困的拼图》（*Poverty and Shared Prosperity* 2018：*Piecing Together the Poverty Puzzle*）报告中指出，世界上有 10% 的人生活在每日消费 1.9 美元标准以下，提高到 3.2 美元，则有超过 25% 的人处于贫困中，再进一步提高到 5.5 美元，则有 46% 的人处于贫困中。基于中国 2015 年的数据，按照这三档标准，贫困率由低至高则分别为 0.7%、7.0%、27.2%，② 因此，中国的贫困问题解决也是复杂困难的。在 2013 年 4 月，世界银行和国际货币基金组织就共同设定在 2030 年前基本消除全球极端贫困的目标，联合国把每年 10 月 17 日定为消除贫穷国际日，提高全球的消灭贫困意识，2014 年国务院将其设立为中国首个扶贫日。2015 年 11 月 29 日，中共中央、国务院作出《关于打赢脱贫攻坚战的决定》，消除贫困是全世界包括中国在内关注的重要问题。2020 年，脱贫攻坚取得了伟大的胜利。2021 年，全国现行标准下的 9899 万农村贫困人口全部脱贫，832 个贫困县脱贫摘帽，12.8 万个贫困村全部出列，完成了全面实现小康的底线任务。③ 消除贫困、改善民生、逐步实现共同富裕一直是党和国家始终不渝的重要议题。

---

① 国新办举行 2020 年国民经济运行情况新闻发布会，http：//www. scio. gov. cn/xwfbh/xwbfbh/wqfbh/44687/44768/index. htm。

② 世界银行. *Poverty and Shared Prosperity* 2018：*Piecing Together the Poverty Puzzle*［R］. 华盛顿：世界银行，2018.

③ 国务院新闻办公室. 白皮书：人类减贫的中国实践［R］. (2021 - 04 - 06). http：//www. scio. gov. cn/zfbps/32832/Document/1701632/1701632. htm.

党的十八大以来，以习近平同志为核心的党中央把脱贫攻坚工作纳入"五位一体"的总体布局和"四个全面"的战略布局；党的十九大明确把精准脱贫作为决胜全面建成小康社会必须打好的三大攻坚战之一，做出了一系列重大决策部署，精准扶贫工作受到了党和国家的高度重视。以政府为主导＋行政整合市场的中国式扶贫方式，经过从上而下的不懈努力。从脱贫攻坚任务看，扶贫伊始，农村贫困人口为 7000 多万人（2014 年数据）；从顶层设计到基层实施，从制度倾斜到入户帮扶，从"授人以鱼"到"授人以渔"，从"输血"到"造血"，精准扶贫工作可谓劳心劳力；从被帮扶农村低收入家庭的获得感看，在各项扶贫政策的激励促进下，贫困人口的生产生活条件显著改善，收入有了较为明显的提高。

如果贫困线以 2011 年的 2300 元不变价为基准（当然，此基准可能不定期调整），2011～2020 年中国贫困人口数量和精准扶贫以来每年的减贫人口数量可以用图 1－1 来表示。

图 1－1 2011～2020 年中国贫困人口数量和年减贫人口数量

资料来源：国务院新闻办公室 2021 年 4 月 6 日《人类减贫的中国实践》白皮书，http：//www.scio. gov. cn/zfbps/32832/Document/1701632/1701632. htm.

从图 1－1 中可以发现，贫困线标准为 2300 元时，中国贫困人口从 2011 年以来持续下降，尤其是 2013 年精准扶贫实施以来，每年的减贫人口数量都超过 1000 万人，显示出强大的减贫力度。

精准扶贫是一项需要多方合作的综合工程，不同于对口帮扶、企业扶贫、社会捐赠、国际机构扶贫和个人自主扶贫，涉及范围几乎包含了政府的各个职能部门。首先，它是专项扶贫、行业扶贫、社会扶贫等多方扶贫力量的整合，形成了多种举措相辅相成的"三位一体"扶贫大格局，目的就是让贫困群众有获得感，促进农村低收入家庭增收。其次，以精准扶贫为抓手，撬动了大量扶贫专项资金、涉农资金和项目，为实施乡村振兴战略、社会主义新农村建设做了"短板加长"工作。最后，精准扶贫是自上而下政府主导具体开展的，以中国特色社会主义制度优势为世界减贫任务贡献了中国方式。

现在进入了相对贫困时期，在这一阶段，农村贫困人口的生产生活有更高的追求——共同富裕。这是中国共产党坚持以人民为中心的执政理念的奋斗目标和不懈追求，是中国特色社会主义建设的本质要求，是中国式国家治理现代化的重要特征。在新时代践行新的发展理念、实现共同富裕，必然要有与之相应的独具中国特色的智慧理论创建和积极实践探索。共同富裕是建成社会主义现代化强国的关键目标，要充分估计实现共同富裕这一社会经济复杂系统工程所具有的整体性、艰巨性、长期性和综合性，注定要经历充满艰难险阻的长期征途：要坚持以人民为中心，正确处理公平与效率的关系，调控收入差距、优化社会结构，在为人民谋幸福中实现共同富裕；要通过深化改革开放、共享改革成果来激励人人参与、人人尽力，大力弘扬勤劳创新致富和奉献精神，加快推进基本公共服务均等化，积极营造和维护机会均等、劳有所获、公平正义的社会环境；坚持循序渐进，注重激发各类主体的智慧和创新，在发展中实现共同富裕，在共同奋斗中实现共同富裕；协调匹配好共享权利与奋斗义务，在个体价值实现的基础上凝聚升华共同价值和社会主流价值观，以共同价值的确立保障共同富裕的实现；既要打破大锅饭、防止落入"福利陷阱"，更要坚持按劳分配为主体、多种分配方式并存的社会主义分配原则，完善相应的一次分配、二次分配和三次分配的政策层次体系和作用功能，创设和营造个体价值实现与共同奋斗的社会协调机制，使各类市场主体的关切都有更明确的方向，奋斗有更强的信心和动力，有高质量的获得感。

目前来看，中国的共同富裕是分阶段进行的，不是一蹴而就的。要深入研究不同阶段的目标，分阶段促进共同富裕：到"十四五"末，全体人民共同富裕迈出坚实步伐，居民收入和实际消费水平差距逐步缩小，经济社会高质量发展取得成效，全体人民共同富裕迈出坚实步伐；到2035年，迈入中等发达国家行列，全体人民共同富裕取得明显的实质性进展，基本公共服务实现均等化，普惠性基本公共服务提质扩容；到21世纪中叶，建成社会主义现代化强国，全体人民共同富裕基本实现，居民收入和实际消费水平差距缩小到合理区间。考察农村低收入家庭和普通农村家庭的共同富裕问题，要注意农村贫困家庭的脱贫稳固情况。国家乡村振兴局在 2022 年 7 月 11 日发布，经过各方面共同努力，脱贫攻坚成果得到巩固拓展，牢牢守住不发生规模性返贫底线，没有发生规模性返贫现象。① 这是精准扶贫的成果检验，也是共同富裕的实现基础。

以 L 市②为研究对象，讲述它从脱贫攻坚到共同富裕的故事。该市地处沿海东部某省内陆，面积 1.72 万平方千米，人口接近 1100 万，是人口大市。L市下辖五区九县，是革命老区，北部是绵延起伏的群山，中部是逶迤的丘陵，南部是一望无际的冲积平原，地势北高南低，其发展不均衡。

关于贫困的多维标准，世界银行监测全球层面消除多维贫困的进展情况，拟定的多维衡量标准：消费或收入、受教育机会和水电等基本服务。最早提出多维贫困概念的学者是阿马蒂亚·森，在其影响下，多维贫困理论被越来越多的学者所认同，并在维度上加以补充。中国的精准扶贫也是多维的，文化教育、医疗健康、饮水安全等具有针对性的扶贫措施。其中，健康扶贫政策的具体实施中采取"两免两减半"和"扶贫特惠保险"共同发力，在医疗方面农村低收入家庭个人承担比例不超过 10%，在乡（镇）级医院报销比例可以达到 95% 以上，减轻了农村低收入家庭支出压力。"两不愁三保障"基本代表了多维脱贫的要求，"两不愁"即不愁吃、不愁穿，"三保障"即义务教育、基本医疗、住房安全有保障。财政扶贫专项资金增加了贫困村的资产，资产减贫为贫困人群的增收稳固程度提供了保障。提高贫困人口的收入水平，就能改善其健康和教育状况，使生产率提高，进而摆脱贫困。因此，尽管对于贫困的认知是多维的，但不可否认的是，一方面，贫困是收入能力无法提高，收入水平长期低下；另一方面，贫困人群的收入增加来源于多项扶贫措施的作用，中间包含资本、教育、健康等因素的影响，这些都以农村低收入家庭收入的形式反映出来。

在精准扶贫阶段，L 市下大力气拓宽增收来源，保障农村低收入家庭收入增长，从而提高生产生活水平。共同富裕阶段是对精准扶贫阶段增收稳固程度的检验和提高，其中包括可持续性收入的增加。

① 央视网，https://xczx.cctv.com/2022/07/11/ARTIfbj5LsUudlQ4duuon54A220711.shtml.
② 为符合学术规范和伦理，书中地点名称作学术匿名化处理。

二、研究意义

精准扶贫阶段，农村低收入家庭的脱贫在广大农村不仅仅是一个经济问题，也是自然环境、社会环境、政治制度等多方面的问题。在宏观工作设计和实践中，也更加精细化、精准化，与农村基层治理、乡村振兴工作相结合，在加大产业扶贫力度、全力推进就业扶贫、加强生态扶贫、开展扶贫扶志行动等十个方面的举措因地制宜发力，全方位提升贫困地区的自然环境和人文环境，促进可持续发展。扶贫的核心在于"扶"字，即通过外部力量的帮扶，来实现贫困人群自力更生地脱贫。外部的扶助是外因，贫困人群自身发展的主观能动性才是脱贫的内因，决定了扶贫效率的根本。外部力量就好比贫困人群的"拐杖"，通过这根"拐杖"让他们从贫困中慢慢站立起来，实现农村低收入家庭收入来源的稳定性和可持续性，促进脱贫增收，才是扶贫的本义。共同富裕阶段要把扶贫的好方法继续进行下去，并开辟新的思路，实现低收入家庭更幸福地生活。本书的核心问题是以微观的农村低收入家庭的视角对农村低收入家庭的增收效应和生产生活水平提高进行分析，为实现阶段式的共同富裕的机制进行探索。

为了很好地解释上述核心问题，农村低收入家庭在精准扶贫政策下收入来源类型有哪些？扶贫政策给农村低收入家庭带来的收益有多大？大量的扶贫资源和项目对农村低收入家庭增收脱贫影响效应如何？扶贫政策措施对农村低收入家庭激发内生动力发挥作用如何？等等这些都是需要关注思考的问题。

首先，通过深入了解扶贫政策帮扶农村低收入家庭增收的运行机制，了解农村低收入家庭的贫困原因，在扶贫政策外力的激励下，发挥自身主观能动性，根据自己的实际情况，做到劳有所获、劳能脱贫，这是在精准扶贫的战略中最本质的要求。

农村低收入家庭收入或者消费尤其可持续性收入的增加是需要激发农村低收入家庭内生脱贫能力的，依赖外在捐赠性扶贫，很容易养成"等、靠、要"的懒惰思想，农村低收入家庭不但不能真正脱贫，还给周围群众带来不良影响，产生不劳而获的思想。扶贫过程中，对有劳动能力的，开展扶贫扶志活动，鼓励各地宣传脱贫典型，表彰自力更生、脱贫致富的先进事迹和典型，加强教育引导，用身边人身边事示范带动贫困群众；对无劳动能力的老年人、残疾人、精神障碍患者等特殊群体，建立综合保障体系。对农村低收入家庭收入进行表格统计，细分农村低收入家庭收入类型：工资性收入、财产性收入、转移性收入、生产经营性收入（减去生产经营性支出）①。对各类收入来源分类，可以看出是哪项扶贫政策的作用。比如，财政扶贫专项资金投入和运行到扶贫实践中，有很多用途，一部分直接运用到上述的特殊群体中，解决生存问题，表现为"雨露计划"② 等；一部分投入产业项目或者金融信贷贴息中，农村低收入家庭凭借优惠政策可能得到四种类型收入的一种或几种类型收入，从而增加农村低收入家庭的自主脱贫信心，实现可持续性收入增加。

其次，总结分析农村低收入家庭的增收效应，评估精准扶贫政策的影响作用，有助于实现阶段式共同富裕的目标。在扶贫工作实践中，根据扶贫政策并结合当地情况，千方百计增加农村低收入家庭的收入。农村低收入家庭的人均可支配收入达到国家的贫困线（2800 元）或者省市贫困线标准是脱贫与否的直接指标，一般是从国家到地方，贫困线标准越来越高，2020 年 L 市的脱贫收入标准为人均可支配收入 4000 多元③。2016～2020 年 5 年的时间内，随着国家大量扶贫资源到达县乡村，短时间聚集，按照规定的时间节点迅速分配使用。本着有利于实现农村低收入家庭精准脱贫目标的每一项扶贫政策的实施，具体分析其对农村低收入家庭增收效应影响的大小程度、正向还是负向。依据建档立卡的农村低收入家庭数据信息，建立经济学模型进行实证分析，得到扶贫政策的量化测度，对评估扶贫效率具有现实指导意义。

最后，精准扶贫的实施是国家自上而下的行政主导的治理能力在新时期的一次全面检验，评估扶贫效率，对于构建中国式的共同富裕道路具有直接意义。精准扶贫是一项方方面面都要涉及的综合工程，它的顺利实施，显示出国家治理能力的提升。中国的扶贫治理实践可以概括为："政府主导、社会参与、自力更生、开发扶贫、全面发展"，为全世界贫困人口的减少做出了重大贡献。精准扶贫是中国特色社会主义制度下全国性的大规模扶贫治理，脱贫攻坚战从某种程度上显示出集中力量办大事的中国制度的优越性（黄承伟，2017；郑永年，2017；林毅夫，2017）。新时期国家精准扶贫完成，进入了相对贫困阶段的更高标准的扶贫。

---

① 关于农村贫困家庭收入情况见附录一。
② 扶贫助学补助受益对象为全国农村建档立卡贫困家庭中有子女接受中等、高等职业教育的贫困家庭。
③ 来自 L 市的扶贫文件。

第二节 研究内容和方法

一、研究内容

农村低收入家庭的阶段式共同富裕是脱贫后的更高发展形式，关于脱贫治理，以往大量的研究要么偏向宏观层面讨论中国扶贫治理经验，要么对执行效果的微观方面泛泛而谈，若没有大量农村低收入家庭获得感数据的支撑，则无法体现精准扶贫的真实效果。精准扶贫瞄准对象已精确到农户，标志着贫困治理方式已由"漫灌"向"滴灌"转变。贫困人群在贫困治理中的主体地位得到尊重，贫困地区、贫困人群的主观能动性和创造性得到发挥，贫困人口通过自身努力实现脱贫致富是一直被鼓励支持的，这也是精准扶贫和未来扶贫工作的重要原则。本书将研究区域定为 L 市的县（区）、乡（镇）层面，L 市是精准扶贫的重点市，其贫困程度介于深度贫困和轻度贫困之间，扶贫任务并不轻松，各级政府对扶贫工作都较为关注。围绕农村低收入家庭的增收脱贫情况，评估扶贫政策的执行效果，把农村低收入家庭的增收作为研究对象，具有很强的现实性和针对性。

按照承上启下、逐步推进的逻辑对本书结构进行安排，以农村低收入家庭的增收稳固程度来评估精准扶贫的效率，以扶贫政策的运行机制为主线，深入分析了扶贫政策如何围绕农村低收入家庭增收发力，实证分析了精准扶贫的效率，为实现共同富裕提供被证明行之有效的政策；对农村低收入家庭的收入来源和支出做了经济理论和数理分析；结合工作实际，对帮扶政策助推农村低收入家庭增收实现共同富裕提出了参考意见。本书共分为七章，研究框架如图 1-2 所示。

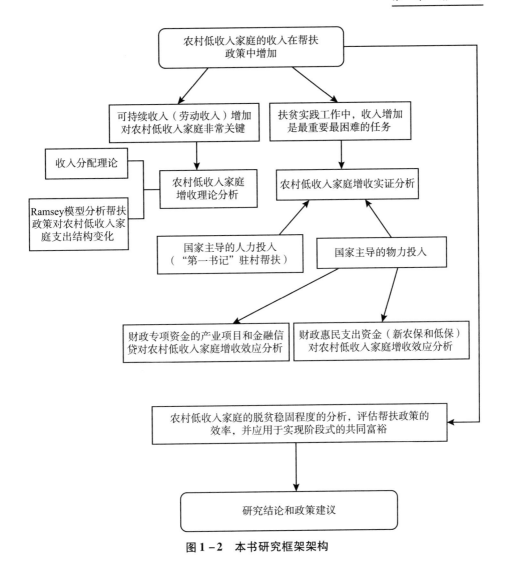

图 1 - 2　本书研究框架架构

具体章节内容为：

第一章绪论。本章从精准扶贫的总体运行机制到共同富裕的实现，对农村低收入家庭的增收效应的研究背景、研究意义、研究内容、研究框架、研究创新点等进行描述。

第二章国内外研究综述。本章主要是对相关文献的梳理与回顾，从反贫困的历史中认识贫困，探讨欧美发达国家的反贫困和中国的扶贫过程，分析贫困的测度方法和反贫困的研究方法，最后对当前研究进行总结评析。

第三章农村低收入家庭的收入增加来源与支出分析。本章主要从收入分配理论方面对帮扶实践中农村低收入家庭的增收效应进行经济分析，对农村低收入家庭收入增加后的消费、家庭信贷、投资等引起可持续性收入变化的因素进行数理分析。

第四章乡村第一书记帮扶的增收效应研究。本章主要研究第一书记驻村帮扶对农村低收入家庭的增收效应。围绕农村低收入家庭的增收，对贫困人群分类，进行异质性分析，比较有无第一书记帮扶村的农村低收入家庭收入情况，探讨第一书记驻村扶贫的实践价值。

第五章财政投入对农村低收入家庭收入增加的效应。财政投入表现为财政专项资金和财政惠民支出两部分，前者包含项目收益分配和金融信贷收益分配，后者包含新农保和低保的现金补贴。本章主要从产业收益、金融信贷扶贫、新农保和农村低保对农村低收入家庭的收入增加和共同富裕进行效应分析。

第六章农村低收入家庭可持续性收入增加的效应评估。可持续性收入作为脱贫、实现共同富裕的首要考虑因素，定义劳动收入为各项帮扶政策的收益，国家新农保和低保转移收入等没有发挥政府和农村低收入家庭主观能动性的收入，不计算在内。劳动收入作为可持续性收入表示农村低收入家庭的自主努力，本章主要研究各项帮扶政策的整合作用对劳动收入增收稳固程度的影响，评估精准扶贫、实现阶段式共同富裕的效率。

第七章研究结论与展望。本章提出有利于实现共同富裕的建议和意见，并对本书的研究不足和以后需要深入研究的方面做出说明。

二、研究方法

把精准扶贫的建档立卡的农村低收入家庭作为研究对象，遵循实证主义的研究范式，量化研究扶贫政策对农村低收入家庭获得感的影响。用经济理论和数学模型分析农村低收入家庭得到帮扶后，其消费、家庭财富累积的变化，并依据数据进行实证性分析。进一步评估精准扶贫政策实施 5 年的效率，为精准扶贫任务的顺利完成和脱贫后的巩固提升提供一些参考性意见。本书研究方法主要是文献研究与实证研究相结合、个案研究与比较研究相结合、实地调研法。

（1）文献研究与实证研究相结合。精准扶贫是国家主导的从上而下的一场声势浩大的贫困群众脱贫攻坚战役。中央关于精准扶贫的大政方针和党和国家领导人发布的精准扶贫的重要讲话是本书的理论基础，省市县乡等各级地方政府关于精准扶贫的政策、措施以及各项制度规定是主要研究依据，再结合地方政府根据不同地区、不同扶贫人群采取的不同方式方法，以农村低收入家庭的收入作为分析对象，寻找各项扶贫措施对农村低收入家庭脱贫带来的或大或小、或正或负的影响，评估精准扶贫政策的效率，得出量化结果。

（2）个案研究与比较研究相结合。研究地点在 L 市的几个乡（镇），研究对象是分布在其中的农村低收入家庭，主要探讨家庭的增收问题。个案研究则是对政策施加前后农村低收入家庭增收效应分析，因为政策要根据不同的人群采取不同的措施，那么政策会有不同的施加范围，而且同样的政策在不同的县（区）也有不同的效果，就会存在着比较研究。通过不同范围群体的农村低收入家庭在扶贫前后的变化，精准扶贫政策的实施效果就能够较为清晰地展现出来。

（3）实地调研法，农村低收入家庭来自 L 市 4 个县区（L 县、Y 县、J 区和 G 区）的 7 个乡镇（街道），分别为 kk 乡镇、lz 乡镇、lc 乡镇、cw 乡镇、mch 乡镇和 lx 街道、yc 街道。① 因为工作关系，笔者对这 7 个乡镇（街道）的整体发展和扶贫情况非常熟悉，2013～2016 年，参与乡镇基层扶贫工作，2016 年 7 月后，负责县（区）扶贫业务，精准扶贫是工作任务也是学术研究对象。对扶贫工作在乡（镇）、县（区）的运行机制和农村低收入家庭脱贫的过程有比较清晰的把握。乡（镇）作为精准扶贫的第一线，扶贫任务繁重琐碎，"上面千条线，下面一根针"，农村低收入家庭的增收是乡镇扶贫工作的主要任务之一。日常工作中，进村入户走访，通过谈话聊家常，摸清农村低收入家庭的实际情况，了解在脱贫过程中的困难、需求，脱贫前后的心路变化等等，并把这些情况的动态调整输入建档立卡农村低收入家庭信息系统中。后面的章节会随着研究问题、研究对象的变化或扩展或缩小边界，研究各乡镇的情况，脱贫案例等都将呈现，这里不再赘述。

本书所用的数据来自 L 市建档立卡的农村低收入家庭入档数据，时间跨度为 2016～2021 年，案例材料是 L 市扶贫干部的工作日志和扶贫心得，以及国

---

① 地名作隐匿化处理。

家、省、市、县、乡（镇）各级政府发布的政策文件、工作规划、网络平台挂网公示材料等。本书遵循一个乡镇、一个农村低收入家庭微观个案反观宏观，又立足宏观分析微观，将这些地方化的孤立案例分类加以理论分析概括，尽可能地呈现精准扶贫的逻辑和特征。

三、研 究 创 新 点

（一）学术概念创新

根据研究目的定义了农村低收入家庭的增收稳固程度、可持续性收入（劳动收入）。农村低收入家庭来自乡镇基层建档立卡数据，本书对增收稳固程度有两种定义方式，一是结合 L 市的脱贫标准和当年的农村居民平均消费水平，对于截面数据采取五分法定义；二是用 Weibull 函数作用于农村低收入家庭数据的两年收入比，以 0.4 作为阈值，大于 0.4 的定义为增收稳固，小于 0.4 的增收不稳固，当然阈值可以是动态的，取值范围是 [0，1]，可以根据当地当年的收入水平进行合理的设定，也可以进行多阈值考察。可持续性收入也可以称为劳动收入，体现了农村低收入家庭的自主脱贫能力和国家帮扶政策的作用，把各项帮扶措施落实后得到的收入进行整合后得到的，能够更好地评估精准扶贫的效率。

（二）学术观点创新

第一，扶贫实践中，农村低收入家庭的收入来源具有多源性，用收入分配理论进行经济理论分析；其脱贫后支出分析是在最优控制方法的限制性约束条件中加入扶贫帮扶，假设农村低收入家庭收入增加为一固定额度，其消费、信贷和投资的变化如何？通过数理分析，发现其消费增加，但投资、信贷等不能确定。

第二，从工作实践的重点出发，基于多维扶贫概念，关注精准扶贫中农村低收入家庭的增收效应。虽然不同的贫困地区有不同的脱贫需求，不同的贫困对象有不同的生产生活要求，所以扶贫任务各有侧重点，但是农村低收入家庭的收入是最核心的共性问题。农村低收入家庭的收入受到了扶贫政策的影响，在扶贫前后发生了变化，量化这些扶贫政策的影响是本书的主要研究内容。贫困人群的收入来源涉及产业、金融、健康、教育等多项帮扶措施，收入是综合量化的扶贫收入，收入、消费和资本三者减贫因素都会影响农村低收入家庭的实际收入。从农村低收入家庭的微观视角出发，评估扶贫政策的效率具有现实性和针对性。因此，首先，这些农村低收入家庭来自实际工作服务对象，以收入的多少、收入结构等作为主要量化标准，建立农村低收入家庭增收稳固程度度量指标体系。其次，在大量的人力（第一书记）、财力（财政专项扶贫资金）投入基层后，能否对扶贫产生良好的作用，对农村低收入家庭稳固脱贫的影响作用达到什么程度？通过建立计量模型量化各种资源的投入对贫困人群增收的影响程度。最后，用可持续收入来评估农村低收入家庭通过政策帮扶自主脱贫的能动性，以此来计算国家精准扶贫政策的实施效率，为2020年消除绝对贫困进行评估总结，从而对扶贫政策的影响及其影响程度有客观认识。

第二章

国内外反贫困的研究综述

第一节　从反贫困的历史中认识贫困

贫困是人类共同的敌人，反贫困是世界性难题。从历史上看，学术界对于贫困的认识越来越清晰，反贫困任务仍然任重道远。贫困有很多种定义，相对于富足，是一种社会物质生活缺乏的现象。阿玛蒂亚·森（Amartya Sen，1998）认为：贫困的真正含义是贫困人口创造收入能力和机会的贫困；贫困意味着缺少获取和享有正常生活的能力。世界银行在以"贫困问题"为主题的《1990 年世界发展报告》中，将贫困界定为"缺少达到最低生活水准的能力"。从生产力角度看，贫困侵害了生产，在生产力低下造成贫困以前，贫困就已经在袭击贫困人群。如果单独看一个贫困个体来研究贫困原因，阿玛蒂亚·森认为是否容易遭受饥饿是同塑造社会的"赋权"体系相联系的。换句话说，每个人面临饥饿的可能性是不均等的，很多因素可以决定一个人的风险，比如地理位置、社会地位、性别和年龄等，这种脆弱性会随时间发生改变。

纵观世界各地区，致贫的原因几乎一样。干旱和其他自然灾害导致农业歉收，人口增长给有限的资源施加压力，疾病和致残让人们无力供养自己和家人，战争破坏贸易并摧毁资产。与此同时，史蒂文（Steven，2015）认为不公平的资源分配制度抑制了人们解决上述问题的能力。蒲鲁东（2010）把人类划分为两个重要的时期：即停滞的野蛮时期和进步的文明时期。在第一个时期，贫困是食物无着和其他生活必需品短缺，其直接原因是人类生产力低下；

在第二个时期，文明时期的贫困，它的唯一成因不再是生产力低下而是劳动组织方面存在问题。通过良好的组织状态，消除由不良的劳动组织造成的贫困，不仅可以把贫困的到来再延缓一段时间，而且一定会出现能够在人口与生产之间重建均衡的特殊力量，而无须人类的智慧以其他方式和通过某些人为的手段来恢复这种均衡。

第二节　关于欧美发达国家的反贫困

一、经济增长对反贫困的基础作用

（一）发达国家减少贫困的实施路径

发达国家的整体生活水平相对较高，虽然也有贫困人群，但相比较不发达国家而言，因为经济增长累积的丰富财富，反贫困处于相对容易操作的范围，而且发达国家的贫困水平的界定标准也比发展中国家的界定标准高。与发展中国家对最贫困人口认定的主要目的是防止饥饿和应对紧急事件的发生有所区别，欧美发达国家本身经济发展强大，西欧和北欧一些主要国家更关注和保持公民的生活水准，使其过着一种保障健康的、能接受良好教育、富于创造能力的生活；美国则是每年采用绝对标准来评估贫困，所使用的绝对贫困标准规定了某特定规模和成分的家庭摆脱贫困所需要的具体美元数，用来确定某个人或某个家庭何时缺乏足够的食物、住所或者其他生活必需品（Harrell Rodgers，2012）。

贫困在全世界范围内都存在，反贫困是世界各国的一件大事。发达国家减少贫困实践大致分为两个路径：一是针对有能力的贫困个体，把他们纳入市场中，利用市场的调节作用，通过经济增长实现其收入增加，从而脱离贫穷；二是针对没有能力的贫困人群，把他们纳入国家社会保障体系中，利用综合福利措施，解决他们的生活问题，这是福利国家应对贫困的措施。

吕国范（2014）总结了美国和法国的扶贫模式，两国扶贫共同点是政府都成立了专门扶贫机构，美国实行包括军事工业与地方产业发展相结合，增加转移支付、出台信贷优惠政策，教育培训带动劳动力资源的开发在内的财政和金融政策支持；发展产业项目来助力农村发展，比如实施社区项目，包括资助水净化和垃圾处理项目、宽带下乡资助等。法国实施国土资源开发整治计划，有效利用了贫困地区的资源，缓解生态脆弱性，人民生产生活得到根本性改善，再加上多层次的资源产业扶贫转移支付制度的实施，其中央预算的转移支付占地方总收入的比例达 1/4 左右。曹清华（2008，2010）研究了 20 世纪末以来德国、瑞典、英国社会救助制度的反贫困效应，德国社会救助支出占公共支出的比例不高（2003 年为 4.2%），但社会救助总支出额并不低，较高的社会救助支出给津贴领取者提供了一种体面的生活，但是，过高的津贴支付又导致一些领取者寻找工作的积极性降低，从而易陷入"失业陷阱"和"贫困陷阱"。瑞典是高福利国家之一，瑞典社会救助规模不大，但是津贴支付水平相当高，虽然暂时解决了贫困家庭的困难，但是津贴领取者形成了"福利依赖"，造成了"失业陷阱"和"贫困陷阱"。因此综合分析，瑞典社会救助的反贫困效果不佳，英国社会救助津贴支付水平也相当高，在给津贴领取者提供一种体面生活的同时，"从福利到工作"政策对福利津贴领取者的就业行为产生了积极影响，从而，有利于英国现代社会救助制度的可持续性。

（二）经济增长的因素分析

整个国家的经济增长是减轻和消除贫困的基础。阿恩特（Arndt，2010）的研究发现，中国和越南在 20 世纪最后 20 年依托经济的持续快速增长，实现了大幅减贫。经济是复杂的系统，为了理解经济增长的决定因素，这种复杂性让它充满挑战和无限乐趣。人力资本、人口出生率、创新思维、基础科技和国家政策在经济增长中所起的作用是什么，这是很多有影响力的文章解释的问题。从物质资本的累积、溢出来解释经济增长，包括索洛—斯旺（Solow – Swan）模型（Solow & Swan，1956）和新古典增长模型（Ramsey，1928；Cass，1965；Koopmans，1965），它们之间最主要的区别在于储蓄率是否内生化。两个模型的一个关键因素是生产函数：

$$Y_t = AK_t^{\alpha}L_t^{1-\alpha} \qquad (2-1)$$

其中，Y_t 是在时间 t 的总产出，K_t 是资本份额，L_t 是劳动力，A 是生产率水平，且 $\alpha \in (0, 1)$。

Solow – Swan 模型和新古典增长模型的一个主要含义是资本积累可以作为经济短期增长的源泉，但是因为 $\alpha < 1$，所以资本积累到一定程度会使得总产出下降，因此不能作为经济长期增长的引擎。这些模型预示着"人均收入的

收敛性"，意味着在赶上富裕国家之前，贫穷国家的经济需要增长得更快。

在新古典增长模型中，资本积累使总产出下降的生产函数是经济不能内生增长的主要原因。罗默（Romer，1986）克服了资本积累使总产出下降的问题，通过引入溢出产生了内生增长，从而在生产函数中得到了总产出上升的回报。在这个模型中，增长来源于资本积累和相关的溢出的联合。更具体地，罗默假定生产率是一个关于资本份额的线性函数：

$$A_t = \gamma K_t \qquad\qquad (2-2)$$

在这个模型中，市场是完全竞争的，知识生成仅仅是资本积累的副产品。因此，可以解释生产率的形成来自"干中学"。

在理论方面，雷贝洛（Rebelo，1991）在《政治经济月刊》（*Journal of Political Economy*）发表的论文通过消除来自新古典增长函数［式（2-1）］中资本下降的回报率产生了内生长期增长。这就是所说的"AK模型"，生产技术没有以劳动力为特征，而是资本的线性函数：

$$Y_t = Ak_t \qquad\qquad (2-3)$$

在这个模型中，线性结构是为了防止资本积累到一定程度使得总产出下降，从而产生长期增长。这个可处理的框架允许雷贝洛能研究国家政策在经济增长中的影响，而这在拉姆齐—卡斯—库普曼斯（Ramsey - Cass - Koopmans）模型或者索洛—斯旺模型中因为不能产生长期内生增长是不可能做到的。

通过文献可以广泛地接受世界经济在过去200年里经历了可持续性的技术进步，研发投入和创新在这一时期的世界技术前沿的进步中发挥了重要作用。但是，基于新古典框架的内生增长模型是无效率的，对经济增长方面阐述的内容有限。因此，在20世纪早期，以创新为基础的增长模型越来越多。新技术的出现是个人和企业努力的结果。新技术最终形成了一个新产品种类的市场（罗默，1990）或者已存在产品和技术的更好形式，以前的版本通过熊彼特（Schumpeterian）创造性的毁灭就会被淘汰（Aghion & Howitt，1992；Grossman & Helpman，1991）。一个企业家或公司从事成本很高的研发工作的动力就是赢得市场份额。这些努力和市场激励在以新古典的框架为基础的内生增长模型中却是处于消失的状态。基于创新的内生增长模型的一个新因素是思想的生产函数，思想的数量就是生产率的变化，被假定为已经存在的知识份额 A_t 和研发人员 R 的数量的函数：

$$\dot{A}_t = \delta A_t R \qquad\qquad (2-4)$$

其中，$\delta > 0$ 捕获研发生产率，在这些模型中，代理人面临着职业选择。个人可以作为一个生产工人（L）获得生产工资（w_t），也可以作为研发工人（R），其创新思想得到创新回报（V_t）。式（2－5）对研发是自由进出的，并决定了劳动力在生产部门和研发部门的分配：

$$w_t = V_t \delta A_t \qquad\qquad (2-5)$$

劳动力的分配均衡通过 L 决定了当前的生产水平，通过 R 决定了知识的增长率（人均收入）。

查德·琼斯（Chad Jones，1995）通过修正研发生产函数，提出半内生增长模型，技术的变化表示为

$$\dot{A} = \delta A^\varphi R^\lambda \phi, \ \lambda \in (0,\ 1) \qquad\qquad (2-6)$$

修正消除了人口水平的影响，产生了长期增长率为：

$$g = \lambda n / (1-\varphi) \qquad\qquad (2-7)$$

其中，n 是人口增长率。琼斯规范的一个强烈预示是长期增长仅被外生人口增长率 n 影响，不受任何政府政策影响。

技术采纳促进经济增长，世界技术前沿的国家通过创新来实现经济增长，非技术前沿国家大多通过模仿和技术采纳来实现经济增长。为什么一些国家采纳新技术，然而另一些国家不能呢？斯蒂芬·帕伦特和爱德华·普雷斯科特（Stephen Parent & Edward Prescott，1994）研究了技术采纳障碍的宏观含义，由于弱产权和其他制度方面带来了具体国家技术采纳的障碍，妨碍了技术的流动，从而导致了可观测的技术和收入差距。凯兹和夏皮罗（Katz & Shapiro，1986）研究了互联网的外部性对技术采纳的重要性，技术的产权对技术采纳很重要。技术拥有主体如果能够有规模地影响网络，一项劣质有产权的技术也可能得到采纳。关于技术采纳实证研究文献较少，福斯特和罗森茨韦格（Foster & Rosenzweig，1995）研究了印度的"绿色革命"，论文发现关于如何使用新种子的信息摩擦和知识缺乏是技术采纳的主要障碍，量化识别了学习溢出的重要性，也就是说农民可以从已经使用新种子的邻居那里学习。

二、欧美学者的反贫困理论

欧美学者对贫困的难题进行了积极的理论探索，提出各种反贫困理论来缓解和消除贫困问题。萨米尔·阿明（1970，1973）提出"依附贫困理论"，发展中国家间要加强合作发展，增加国民收入，减少对发达国家的依附性。缪尔达尔（1957）提出"循环积累因果关系"理论，表述为：在经济循环累积过

程中，累积效应有两种相反的效应，即回流效应和扩散效应。前者指落后地区的资金、劳动力向发达地区流动，导致落后地区要素不足，发展更慢；后者指发达地区的资金和劳动力向落后地区流动，促进落后地区的发展。在欠发达国家和地区经济发展的起飞阶段，回流效应大于扩散效应，若要促进区域经济的协调发展，必须要有政府的有力干预。关于个人反贫困理论方面，阿玛蒂亚·森（1999）提出了"能力贫困论"，将贫困看作基本能力的剥夺和机会的丧失。通过增加能力和机会，鼓励贫困者参与社会生活等方式，重建和扩展个人能力，避免和摆脱贫困。西奥多·舒尔茨（1960）提出"人力资本"反贫困理论，他认为人力资本的累积是社会经济增长的源泉，是解决贫困问题的真正途径。因此，要加大对贫困人口的教育和培训来提高其劳动技能，通过投资人力资本提高脱贫能力。奥斯卡·刘易斯（1959）提出"贫困文化"理论，因为长期生活在社会底层的贫困人口会形成一种贫困的"亚文化"，贫困本身也是造成新贫困的原因，导致贫困的代际传递。因此，要提升贫困人口的文化水平和个人素质，包括特定的文化观念和生活方式、文化价值观等，形成一种积极的脱贫文化。

三、国外社会组织对反贫困的参与模式

苟天来等（2016）总结国外社会组织角色及其扶贫模式的变化，为我国创新扶贫模式提供相关借鉴。第二次世界大战以来，社会组织在探索创新扶贫模式、协助政府扶贫工作、拓展扶贫领域等方面做了大量工作，社会组织逐渐成为低成本的市民参与扶贫方式（Hilton et al.，2010）。非政府组织成为英国旨在解决贫困和不发达国家问题的国际网络和发声筒（Braid，2003）。在扶贫领域，美国政府也非常支持社会组织，但自"9·11"事件后，美国政府成立专门的社会组织监测机构（NGO Monitor）审查捐助是否符合美国的政治利益。国际社会、社会组织和政府三者在扶贫领域是互为补充和相互制约的，社会组织的大量发展解决了政府干预失灵和市场失灵的问题，其中最普遍的发展原则是赋权和社区参与。以社区为基础的发展方式在贫困干预和资源管理中较为普遍。

第三节　中国的扶贫进程

一、中国的扶贫历史回顾

新中国成立以来，贫困问题是党和政府一直重视的问题，为了彻底消除农村地区的贫困现象，提高农民的生产生活水平，进行了一系列扶贫开发战略的推行。好的扶贫成效必须基于科学务实的扶贫开发方针与政策，从我国的贫困治理历程及取得的成就回顾中理顺中国的扶贫历史。1978 年，政府开始制定贫困统计标准，截至 2020 年，已有 40 多年的贫困治理历程，根据治理模式不同划分为五个阶段：第一阶段为通过家庭联产承包责任制释放生产力的体制改革推动治理贫困（1978～1985 年），第二阶段为通过财政发展资金和以工代赈等形式的开发式扶贫阶段（1986～1993 年），第三阶段为瞄准重点县和区域实行开发式扶贫的"八七扶贫攻坚计划"阶段（1994～2000 年），第四阶段为扶贫开发治理贫困第一个《中国农村扶贫开发纲要》（2000～2010 年），第五阶段为第二个《中国农村扶贫开发纲要》（2010～2020 年），其具体方针就是推行"精准扶贫"战略，通过扶贫对象精准、项目安排精准、资金使用精准、措施到户精准、因村派人精准、脱贫成效精准六大举措推动农村贫困缓解。现阶段又开始了共同富裕的新征程，具体的国家扶贫政策文件如表 2 - 1 所示。

表 2 - 1		国家扶贫政策
时间	政策文件	内容
1986 年	《国务院办公厅关于成立国务院贫困地区经济开发领导小组的通知》	国家开始了有组织、有计划、大规模的农村扶贫开发活动
1994 年	《国家八七扶贫攻坚计划（1994～2000）》	民政部门要加强贫困地区的救灾和救济工作，建立和健全社会保障体系，为贫困人口中优抚、救济对象创造基本生活条件

时间	政策文件	内容
2001 年	《国务院关于印发中国农村扶贫开发纲要（2001～2010）的通知》	重视科技、教育、卫生、文化事业的发展；进一步改善贫困地区的基本生产生活条件；增加贫困村卫生医疗资源，提高贫困地区儿童的入学率等
2003 年	《国务院办公厅转发卫生部等部门关于建立新型农村合作医疗制度意见的通知》	"地方财政每年对参加新型农村合作医疗农民的资助不低于人均 10 元""对参加新型农村合作医疗的农民，年内没有动用农村合作医疗基金的，要安排进行一次常规性体检"；普惠性的医疗保险制度有效地从整体上提升了农村居民身体健康水平
2007 年	《国务院关于在全国建立农村最低生活保障制度的通知》	扶贫部门要密切配合、搞好衔接，在最低生活保障制度实施后，仍要坚持开发式扶贫的方针，扶持有劳动能力的贫困人口脱贫致富
2008 年	《中共中央关于推进农村改革发展若干重大问题的决定》	坚持开发式扶贫方针，首次提出了农村最低生活保障制度和扶贫开发政策有效衔接的问题
2011 年	《中国农村扶贫开发纲要（2011～2020）年》	2015 年，实现新型农村社会养老保险制度全覆盖；2020 年，农村社会保障和服务水平进一步提升
2015 年	《中共中央、国务院关于打赢脱贫攻坚战的决定》	2020 年，稳定实现农村贫困人口不愁吃、不愁穿，义务教育、基本医疗和住房安全有保障。实现贫困地区农民人均可支配收入增长幅度高于全国平均水平，基本公共服务主要领域指标接近全国平均水平。确保我国现行标准下农村贫困人口实现脱贫，贫困县全部摘帽，解决区域性整体贫困
2016 年 9 月	《关于做好农村最低生活保障制度与扶贫开发政策有效衔接指导意见的通知》	通过农村低保制度与扶贫开发政策的有效衔接，形成政策合力，对符合低保标准的农村贫困人口实行政策性保障兜底，2020 年现行扶贫标准下农村贫困人口全部脱贫
2016 年 11 月	《"十三五"脱贫攻坚规划》	2020 年，稳定实现现行标准下农村贫困人口不愁吃、不愁穿，义务教育、基本医疗和住房安全有保障（以下称"两不愁三保障"）。贫困地区农民人均可支配收入比 2010 年翻一番以上，增长幅度高于全国平均水平，基本公共服务主要领域指标接近全国平均水平。确保我国现行标准下农村贫困人口实现脱贫，贫困县全部摘帽，解决区域性整体贫困

续表

时间	政策文件	内容
2017 年 9 月	《中共中央办公厅、国务院办公厅印发〈关于支持深度贫困地区脱贫攻坚的实施意见〉的通知》	加大政策倾斜力度，攻克深度贫困堡垒，确保深度贫困地区和贫困群众如期脱贫
2017 年 12 月	《国务院扶贫开发领导小组关于开展扶贫领域作风问题专项治理的通知》	将 2018 年作为脱贫攻坚作风建设年，在全国范围开展扶贫领域作风问题专项治理
2018 年 6 月	《中共中央、国务院关于打赢脱贫攻坚战三年行动的指导意见》	聚焦最难脱贫群体、返贫困人口、虚假脱贫等扶贫难点，完善顶层设计、强化政策措施、加强统筹协调，推动脱贫攻坚工作更加有效开展，千方百计提高脱贫质量，打赢脱贫攻坚战
2020 年 10 月	《中共中央关于制定国民经济和社会发展第十四个五年规划和二〇三五年远景目标的建议》	脱贫攻坚成果巩固拓展，乡村振兴战略全面推进
	《高举中国特色社会主义伟大旗帜　为全面建设社会主义现代化国家而团结奋斗》	共同富裕取得新成效，实现全体人民共同富裕的现代化

二、精准扶贫对农村低收入家庭增收的研究

精准扶贫是中央政府和各级地方政府解决贫困问题的主要工作，精准扶贫理念的提出，既体现了对欧美经典反贫困理论的借鉴，又针对中国国情做出了合理创新与发展，在我国贫困治理中发挥着重要的理论指导作用。这项惠民工程的目标是在 2020 年全面消除中国的绝对贫困，让所有人一起迈进全面小康社会。减少贫困甚至消除贫困是一项综合工程，在精准扶贫实践中，通过帮扶措施的有效开展，很多农村低收入家庭有了获得感，贫困人口陆续脱贫，实现从粗放扶贫到精准扶贫。很多学者从各个方面研究贫困问题，从扶贫工作的实践看，农村低收入家庭的个体特征因素如教育、健康、生活水平差异等因素都影响贫困群众的脱贫增收。

（一）干部驻村扶贫

党的十九大报告指出要"坚决打赢脱贫攻坚战"，并明确提出了"确保到二〇二〇年我国现行标准下农村贫困人口实现脱贫"的目标。"干部驻村"和"结对帮扶"分别是我国农村工作和扶贫工作长期以来特有的有效方式，随着精准扶贫的深入展开，很多帮扶单位通过派驻乡村第一书记帮助贫困农户脱贫致富。

派驻干部因地制宜通过"五个一批"的政策措施对农村低收入家庭进行因贫困原因施策，措施精准到户帮扶。第一书记驻村扶贫的相关成果文献近两年如雨后春笋般涌现：杨芳（2016）对派驻乡村第一书记政策历史、工作开展，结合现实状况进行了描述分析，认为其为新农村建设注入新活力，促进了城乡一体化发展和人与自然和谐发展。王晓毅（2016）认为，精准扶贫背景下，驻村帮扶干部面临着新任务，要更好地融入贫困乡村，发挥扶贫引领作用，提高扶贫成效。蒋永甫等（2016）探讨"第一书记产业联盟"在推动贫困村农业产业扶贫过程中的运作机制，探索政府主导型农业产业化扶贫路径的改善，得出结论：乡村第一书记驻村帮扶对农村经济社会建设很有裨益。覃志敏等（2017）以驻村帮扶实践为例，分析政府扶贫范畴和社会扶贫范畴，提出促进驻村帮扶资源供给的制度化和强化贫困村内源发展是提升驻村帮扶整体减贫成效的两个重要方向。这些方法对乡村第一书记驻村开展工作给出一些实践思路，对精准扶贫有一定的指导意义。派驻乡村第一书记对精准扶贫的效果如何量化评估呢？陈志等（2017）的研究表明帮扶主体层级高低、帮扶措施是否具有可持续性对帮扶效果具有重要影响作用；其中，帮扶主体的层级越高，对农村低收入家庭实施可持续性的帮扶措施可以明显提升农村低收入家庭对帮扶效果的认可度。在精准扶贫实践中，乡村第一书记扶贫也产生了一些需要注意的问题，王文龙（2015）对包村机制注重短期效益、形式主义严重、效率低、容易造成扶贫依赖性等进行了分析。许汉泽等（2017）认为乡村第一书记扶贫工作成效不佳的原因主要有上级政府目标设置权责不匹配、原单位有限资源的条件限制与乡村闭合关系的排斥等。

（二）财政扶贫专项资金在扶贫中的应用机制

财政扶贫专项资金在精准扶贫过程中，一方面用于各地很多扶贫产业项目，另一方面也用于支持金融信贷扶贫，分别贷给有需求的农村低收入家庭或者愿意发挥帮扶作用的经营主体。

闫坤等（2016）认为公共财政在减贫方面发挥的作用是全面的、直接的、灵活的。公共财政的特征决定了其具有能够充分发挥减贫的职能优势。周艳等（2018）考察了财政扶贫专项资金对缓解农村贫困的影响，财政扶贫专项资金投入每增长 1%，农村贫困发生率会降低 0.63 个百分点，财政扶贫专项资金发挥了显著的负向拉动作用且持续稳定。刘建民等（2018）认为财政支出分权对农村贫困减少和城镇贫困减少有正向激励作用，经济发展水平对农村贫困减少和城镇贫困减少具有类似作用，可以合理制定与实施财政分权政策。

1. 产业项目的减贫

白描（2018）总结了扶贫产业当前的发展现状和面临的挑战，认为延伸产业链条、提高产品附加值和发展产业的契合度对提高产业扶贫绩效非常关键。扶贫产业是国家实体经济的一部分，可以实现益贫式增长（经济增长给穷人的收入带来的增长率大于平均增长率）（范从来，2017）。很多文献从不同方面对扶贫产业进行了详细论述。首先，从扶贫产业出发，就宏观经济结构和产业结构而言，特色农业与旅游也对减少贫困发挥着主力支撑作用，陈成文等（2018）介绍了国外在农业产业和旅游业扶贫方面的实践经验，认为扶贫主要体现在产业形式和产业保障方面，对中国的产业扶贫提出了建议；黄志平（2018）得出国家级贫困县的设立主要通过优化产业结构和提高固定资产投资水平的方式促进了当地经济发展；郭晓鸣等（2018）以四川省苍溪县具有区域特色优势的猕猴桃扶贫产业为例，当地立足于贫困地区的资源禀赋条件，实施具有比较优势的产业，实现了以脱贫增收为核心的多元目标，值得借鉴和推广；李烨（2017）利用数据包络分析方法的 CCR 模型和 BCC 模型，对我国乡村旅游扶贫效率进行了评估分析，提出要以多种模式推动乡村旅游与精准扶贫有效结合，不断提高乡村旅游扶贫效率；邓小海等（2015）以乌蒙山片区旅游扶贫为具体案例，探讨了旅游扶贫的特征，提出了政策建议；龙祖坤等（2015）利用数据包络模型 DEA 分别对秦巴山区和武陵山区的旅游扶贫效率进行分析，提出适宜发展模式。其次，从扶贫产业的收益方—建档立卡的农村低收入家庭出发，王立剑等（2018）通过 603 户农村低收入家庭调查数据，从农村低收入家庭的经济状况、生活水准以及精准依赖三个维度估计产业扶贫的效果，得出产业扶贫对农村低收入家庭人均年增收 1500 多元，而对生活水准和精神依赖没有显著性影响；胡晗等（2018）实证分析了产业扶贫政策对农村低收入家庭生计策略选择及家庭收入的影响，认为产业政策使得生计向农业转移，增加了农村低收入家庭种植业、养殖业收入。

产业扶贫在实践中也存在一些问题，郭建宇等（2018）总结了现阶段光伏产业项目的运行实践和遇到的挑战，如对光伏产业投入和收益过于依赖政府投资或补贴、发电不稳定、后期管护和监管成本高等问题，并对其可持续发展提供了一些思路。邢成举（2017）认为产业扶贫过程中出现的扶贫"产业化"现象，必须积极应对，防止产业扶贫的利益被农村低收入家庭之外的某些参与主体谋取，扭转其对扶贫工作带来的不利影响。蒋永甫等（2018）认为市场风险始终是产业扶贫难以化解的不确定因素，以政府为主导的产业扶贫要有效地引入市场力量参与，在市场主体与农村低收入家庭之间构建利益连接机制。

2. 金融信贷帮扶

精准扶贫过程中，扶贫专项资金投入在金融信贷方面。莱文等（Levine et al.，2007）基于"金融发展—经济增长—收入分配—贫困减缓"的路径，认为金融发展主要通过收入分配和再分配属性来发挥减贫作用。申云等（2018）认为金融扶贫过程中的金融信贷通过提供生产资金和促进经济增长来直接或间接促进贫困人口增收，表现出金融减贫的直接效应和间接效应。丁淑娟等（2017）对山东省普惠金融现状调研显示，大半农户未获得合意的融资期限。杨明婉等（2018）基于家庭禀赋视角研究非正规金融借贷行为，当借款人达不到正规金融的贷款门槛，非正规金融开始成为借款选择。刘艳华和朱红莲（2017）研究结论的政策启示是，降低农业信贷配给程度，实现农业信贷配给程度的地区均衡，是提高农村居民收入水平的有效手段。殷浩栋等（2018）发现贫困村互助资金与农村金融市场的正规金融、非正规金融部门之间存在替代关系，尤其与非正规金融部门存在替代关系。

供应链金融将供应链的思想融入金融系统中，通过计划、指导、控制组织间的资金流动创造价值，并围绕金融服务供给提供增值服务（Hofmann，2005）。谈勇贤等（2017）认为利用普惠金融信贷的资金优势，参与精准扶贫中的产业扶贫等项目，能有效实现精准扶贫对象、小微企业、金融机构以及地区经济等四者间的协同发展。梁虎等（2017）研究了农地抵押贷款和其他贷款行为对农户收入的影响，农地抵押贷款和其他贷款均促进了农户收入增长。王汉杰等（2018）发现深度贫困地区农村正规金融显著降低了农户内部收入差距，而农村非正规金融则扩大了农户内部收入差距。

总体而言，金融扶贫的效应得到了较多学者的认同。当然，在实践中有必要进一步深化金融改革，优化信贷结构和方法，防止金融服务供给中的"精英俘获"，提高贫困人群的信贷可获得性，从而有效提高金融扶贫效果。

3. 新农保的开展，对广大农村群众的生产和生活产生了巨大的影响

新农保直接给 60 岁及以上的农村居民发放现金补贴，收入提高会改善营养状况也间接改善健康，从而显示出"财富效应"和"健康效应"。很多学者围绕这两个效应对新农保进行了较为深入的研究。张川川等（2014）利用CHARLS 全国基线调查 2011~2012 年的数据实证分析了新农保政策对农村居民的收入、贫困、消费、主观福利和劳动供给等多个方面的影响。郑晓东等（2020）对新农保实施以来的成效从理论机制和实证研究两个角度进行了文献梳理，包括农村家庭的收入、贫困、消费、储蓄等经济福利和农村居民的劳动供给、健康状况与主观福利等，全面探讨了新农保的影响。周广肃等（2020）认为推行新农保可以有效减小农村的消费不平等程度，使农村老年人的养老生活得到保障。马光荣等（2014）发现新农保显著降低了 60 岁以上居民的储蓄，稳定了他们的经济保障，可以促进消费。何晖等（2020）则对新农保促进消费的时间、结构和空间进行了具体的异质性分析。张芳芳等（2017）研究得出的结论：新农保显著增加了农村居民的非耐用消费品支出和必需品支出，新农保能够促进消费，有利于保障生活，"财富效应"促进"健康效应"成为共识。易定红等（2021）研究得出结论：新农保增强了农村居民对未来生活的自信心；周钦等（2018）从心理角度分析，认为新农保显著改善了农村老年人的心理健康。新农保增加了农村家庭的收入，引发了生产生活一系列良好的变化。

与直接收入增加带来的"财富效应"相比，新农保和土地保障的替代性又如何呢？对于农村家庭，新农保和土地都有养老保障的功能。从新农保与土地转出的关系，学者们探讨制度养老和土地养老的替代性问题（徐志刚等，2018；李琴等，2019）。新农保让老年人在经济上的独立性增加，子女照料的依赖性降低，对社会照料的需求增加（程令国等，2013；王小增等，2020）。张广财等（2020）则研究了农户收入对农地退出的影响及土地保障的作用机制，农户收入水平会强化农户对土地保障认知，进而降低其农地退出意愿。应该说，当前新农保对农村家庭的保障作用还没有超越土地保障。鉴于农村低收入家庭的抗风险脆弱性，新农保还需要继续提高保障的幅度，满足农村居民对

生活保障性的期待。

4. 低保政策的开展，对农村低收入家庭进行了收入再分配

正如精准扶贫政策因地制宜实施不同的政策来帮助贫困家庭脱贫，农村低收入家庭共同富裕的实现道路也需要根据扶贫的可持续性政策与当前的新思路相互结合发挥作用。关于共同富裕的重点、难题与破解问题，许多学者认为分配是其中很重要的一方面。李培林等（2015）研究发现农村低保制度有助于减少贫困。岳希明等（2021）实证分析了政府对居民转移支付的再分配效率，收入再分配要进一步向低收入人群倾斜。李海舰等（2021）从宏观阐述了共同富裕是全民富裕、全面富裕、渐进富裕、共建富裕，推进共同富裕要构建协调配套的三大分配体系。黄祖辉等（2021）认为中国推进共同富裕的重点在农民、农村，同时，要重视初次分配效率基础上的公平性、再次分配公平基础上的效率性，以及"先富带后富"的制度设计。杨立雄（2021）分析实现低收入群体的共同富裕，需要大幅度提高低收入群体的收入水平，给低收入群体"发钱"。蒲晓红等（2021）得出农村低保对收入分配差距具有基本稳定的调节效果，但与国际平均水平相比调节作用较小。低保制度是政府向符合条件的低收入家庭提供现金转移支付项目，属于二次分配的范畴。低收入家庭得到了实实在在的现金补贴，增加了收入，又调节收入分配差距。所以低保制度是协调三大分配制度的一个政策着力点，低保制度对低收入家庭的获得效应是很有意义的。

本书利用2017～2021年的低收入家庭数据，采用倾向得分匹配法（propensity score matching，PSM）和双重差分倾向得分匹配法（propensity score matching and difference in difference，PSM – DID）尽可能地缓解可观测和不可观测的异质性特征导致的选择偏误，这样可以对低收入家庭的低保收入的动态影响有较深刻的认识。针对实证检验结果背后的深层次作用机理，从收入效应和消费效应进一步分析低收入家庭生产生活水平在低保补贴下的改善程度。

（三）扶贫帮扶过程中农村低收入家庭收入增加的评估

农村低收入家庭的增收可以从农户增收得到一些启发：对农民增收问题，当前的研究主要从土地、生产性固定资产、人力资本、资金以及相应的制度资源来探讨农民收入问题（吴敬琏，2002；黄祖辉等，2008；蔡昉，2010），这些因素是农民收入的主要来源。对于农村低收入家庭，这些也是脱贫和共同富裕的重要因素。

建档立卡的贫困家庭作为精准扶贫的帮扶对象，通过精准政策帮扶就业获得劳动收入进而脱贫，或者自我雇用或者被雇用就业，是能实现较为长久的收入增加的可靠方式（黄志岭，2017）。2016~2020年，各项扶贫政策开始落地开花，农村低收入家庭的收入增加来源也是多种多样。在精准扶贫实践中，农村低收入家庭通过入股专业合作社，可以实现更高的收入（赵晓峰等，2016；林乐芬等，2017；郭新平和赵瑞宁，2018）。对我国各地旅游扶贫的效率，李烨（2017）有侧重地进行了分析，旅游扶贫可以取得良好的经济效益和生态效益（Trevor Hill et al.，2006；Heckman et al.，1997，1998）。李周（2021）认为生态扶贫在增加贫困农牧民的收入、激发贫困户脱贫的内生动力、提高贫困地区乡村治理水平等方面起到了积极作用。有些较为特殊的地区，通过易地搬迁扶贫，搬迁前后农村低收入家庭生计资本会有变动（金梅等，2017），夏玉莲和匡远配（2017）通过理论机理和倾向得分匹配法实证分析了农地流转的多维减贫增收效应。江克忠等（2017）研究发现，工资性收入对农村家庭总收入的不平等程度影响最大，而且基于农村低收入家庭的不同条件，需要因户因人而异，采取有差别的扶贫措施进行帮扶。陈志等（2017）认为实施可持续性的帮扶措施（发展教育、发展生产、提供就业机会）会对农村低收入家庭的帮扶更有效果，帮扶效果越好，脱贫的稳固程度应该越高。在共同富裕阶段，何植民和朱云鹏（2022）认为要构建一套完整且科学的脱贫可持续性的评估体系，可以理论回应与实践指引脱贫人口是否具备抗击返贫风险的可持续生计与发展能力。

第四节　测度贫困和反贫困的研究方法

不同国家、群体受特定经济、政治、社会条件的影响，对"贫困"的理解各不相同；同一国家、群体在不同的时期对贫困的认识，也是在不断发展变化的。贫困的测量也在不同时间、不同的区域表现出了不同的方法。对于反贫困的方法也在测量贫困中不断丰富和发展。

一、测量贫困方法

（一）收入和消费测量贫困的方法

英国的布思（C. J. Booth，1840—1916）在 1887 年对伦敦居民的生活与劳动状况进行了大范围调查，出版了著作《伦敦居民的生活与劳动》（*Life and Labour of the People in London*）。根据调查对象收入和生活水平的不同，他将当地人口的生活状态加以分类，从高到低分为八个阶层：

H 阶层：较高层次的中产阶级，经济非常富裕

G 阶层：较低层次的中产阶级，经济富裕

F 阶层：较高收入的劳工阶层

E 阶层：稳定获得标准收入者

D 阶层：稳定获得较少收入者

C 阶层：间歇性收入者

B 阶层：偶尔有收入者，但非常贫困

A 阶层：偶尔被雇用、游手好闲以及处于半犯罪状态的人构成的底层

在此基础上，布思根据计算 C、D、E 阶层的食品、衣服、房租、燃料、清洗和照明等生活必需品的消费支出水平，将"贫困线"确定为：一个中等的家庭每周收入 18 ~ 21 先令。其中，A、B、C、D 阶层人群都属于贫困者。由此，布思进一步推断出，在伦敦东区约有 35% 的人处于贫困状态。朗特里（B. S. Rowntree，1871—1954）分别于 1899 年、1936 年、1950 年对英国约克镇的穷人生存状况进行了三次调查，出版了《贫困：城市生活研究》（*Poverty：A Study of Town Life*）一书，较为明确地界定了"贫困"概念，并确定了"绝对贫困标准线"，即如果某家庭的总收入不足以获取维持纯粹体能所需的最低数量的生活必需品，那么，该家庭就是处于贫困状态。

应该说贫困的测量一开始就和贫困人群的大范围调查分不开的，然后根据收入和消费支出水平，提出贫困线的标准。贫困测量指数就是基于收入和消费来测量的宏观贫困指数。福斯特、格里尔和托尔贝克（Foster, Greer & Thorbecke，1984）提出 FGT 指数，公式为：

$$p_\alpha = \frac{1}{N} \sum_{i=1}^{q} \left(\frac{z - y_i}{z} \right)^\alpha \qquad\qquad (2-8)$$

其中，N 为总人口数，q 为贫困人口数，z 为贫困线，y_i 为第 i 个贫困者的收入。p_α 随着 α 变化而变化，α 表示贫困厌恶度（poverty aversion），其值越大，贫困指数越小。当 α 分别取值为 0、1、2 时，分别为贫困的广度、深度、强度。

（二）多维贫困测量方法

在收入贫困和消费贫困测量方法之后，"贫困"是多维概念成为人们的共识，多维贫困理论由阿玛蒂亚·森（1985）提出，其核心观点是人的贫困不仅仅是收入的贫困，也包括饮用水、道路、卫生设施等其他客观指标的贫困和对福利的主观感受的贫困。

1. "双临界值"法

阿玛蒂亚和福斯特（Alkire & Foster，2011）提出多维贫困测量方法——"双临界值"法（dual cut-off），其具体方法和步骤如下：

第一步，确定各个维度，维度数用 d 表示。经济收入、教育、住房、饮用水、医疗保障等均可作为识别贫困的维度。

第二步，确定一个剥夺临界值向量 z。将调查结果构建成一个 n×d 维矩阵，其中 n 表示个体数量，d≥2 表示维数，该矩阵的元素 y_{ij}≥0，表示第 i 个人（i=1，2，…，n）在维度 j 上（j=1，2，…，d）的取值。为了判定各个体在各维度上是否被剥夺了，就需要给每个维度规定一个临界值，称为剥夺临界值。定义 z 表示由剥夺临界值所组成的 d 维行向量，其元素 z_j>0，如果 y_{ij}< z_j，那么表示第 i 人在第 j 维上被剥夺了；反之则未被剥夺。

第三步，构建剥夺矩阵 g^0。利用前面的结论，如果第 i 个对象在第 j 维上被剥夺了，那么 g_{ij}^0=1，否则为 0。

第四步，赋予各维度不同的权重。由于贫困所涉及的各维度可能具有不同的重要性，因此，可以通过给各维度赋予一个权重来表示各维度不同的重要性。定义 w 表示一个 d 维权重行向量，其元素 w_j 表示第 j 维的权重，各维度权重之和等于 d。为简单起见，采用等权重方法，即各维度权重相等。

第五步，判定对象是否贫困。利用多维贫困判定函数 $P_k(y_j; z)$ 判断第 i 个对象是否贫困。将剥夺矩阵 g^0 的第 i 行取值加总得到第 i 个对象被剥夺的维度权重之和。如果该值大于等于贫困临界值 k（即被剥夺的维度权重之和至少为 k），那么判定该对象为贫困，即 $p_k(y_j; z) = 1$，如果小于 k，那么 $p_k(y_j; z) = 0$。

第六步，计算贫困测量指标 M_0。利用第三步的结论，将剥夺矩阵中所有判定为非贫困个体所在行的元素全部用 0 替换，从而得到一个新的矩阵 $g^0(k)$。那么多维贫困指标 $M_0 = \mu(g^0(k)) = HA$。其中 μ 表示矩阵 $g^0(k)$ 各元素的平均值，H 表示多维贫困发生率，即判定为多维贫困的人数比例，A 表示平均剥夺份额，反映了贫困对象平均而言有多大比例的维度权重数被剥夺了。

第七步，对多维贫困测度指标按照维度进行分解。依据 $M_0 = \sum_{j=1}^{d} \mu(g_j^0(k))/d$，则 $[\mu(g_j^0(k))/d]/M_0$ 就是维度 j 对贫困的贡献率。

"双临界值"法用于对我国多维贫困测度的研究也有不少。维度的范围在研究中不是固定的，王小林（2009）从住房、饮用水、卫生设施、用电等 8 个维度测度了我国城市和农村家庭的多维贫困。揭子平和丁士军（2016）基于多维贫困理论，认为相对贫困问题较为突出，对贫困指数影响进行了排队分析。张全红（2015）研究了 1991～2011 年我国多维贫困状况及动态变化，从教育、健康和生活水平 3 个维度 10 个指标构建了多维贫困指数。孙鲁云等（2018）从自我发展能力剥夺的视角出发，采用 A – F 维贫困测度方法，测算了新疆和田地区多维贫困状况。张昭等（2017）根据中国家庭追踪调查数据（CFPS）从收入、健康、教育、生活状况等 6 个维度 9 个指标构建了"收入导向型"多维贫困指数。

2. 资产贫困测量方法

（1）什么是家庭资产贫困。

为弥补收入贫困和消费贫困的不足，资产贫困测量在过去的 20 多年里，成为发展经济学家的主要研究对象。资产贫困测量的目的也是为了帮助贫困人群积累资产从而稳固脱贫。边恕等（2018）就采用资产贫困的测量方法分析了中国农村家庭资产贫困的类型，提出资产积累的建议。

奥利弗和夏皮罗（Oliver & Shapiro，1995）首次提出了"资产贫困"（asset poverty）。卡特和梅（Carter & May，1999）解决了长期困扰学术界的资产贫困线的界定问题。把资产贫困线看作预期创造与收入贫困线相等福利水平的资产组合，收入贫困线指的是刚好满足人们基本生活需求的标准。

资产贫困日益受到重视，其原因在于：①当家庭处于经济困难时，资产能带给人们缓冲和保护，帮助人们抵抗风险和负向冲击，即便拥有少量资产也会对低收入家庭的生活提供一定的保障（Caner & Wolff，2004）。②由于收入与消费两者本身的流动性特征，利用它们度量贫困时，反映的只是家庭福利的当期状况（Carter & Barrett，2006），对家庭未来的福利概况以及家庭面对风险和冲击的应对能力缺乏动态分析（Quisumbing & Baulch，2013）。③贫困类型是结构性贫困还是随机性贫困，收入与消费的变动无助于区分，家庭频繁脱贫、返贫或持续贫困的原因无法得到更好的解释（You，2017）。因此，从资产角度进行贫困的测量和分析，增加了从收入与消费角度进行贫困的测量所不能提供的支撑（Shapiro & Wolff，2011）。将收入、消费、资产三者结合能更全面地分析贫困现象，国内外学术界基于资产积累的减贫也开始了大量研究。

奥利弗和夏皮罗（1995）认为金融资产对家庭收入波动具有缓冲作用，使用金融资产来定义家庭资产贫困，定义方式为家庭金融资产减去家庭负债，把它当作衡量资产贫困的指标，所得的差如果大于零，则金融资产为负金融资产，这个家庭就是资产贫困家庭。

哈夫曼和沃尔夫（Haveman & Wolff，2001）对资产贫困进行了研究，在2004年进一步明确了资产贫困的两种标准：①净资产贫困，根据标准家庭的基本需要等价转换后的净资产小于资产贫困线25%的家庭被认为是资产贫困家庭；②流动资产贫困，根据标准家庭的基本需要等价转换后的流动资产小于资产贫困线25%的家庭就被认为是流动资产贫困。其中，资产贫困线的定义是根据一个标准家庭一年最低基本需要的现金价值计算得出。在这里，使用收入和资产联合的方法（a measure of income-asset poverty）测度贫困，如果一个家庭同时处于资产贫困线和收入贫困线以下，那么这个家庭就是资产–收入贫困家庭。把这种贫困测度理论用于测量美国家庭1983～2001年的资产贫困状况，得出了更全面、细致的结论。结果显示，在1983年，7.6%的美国家庭同时处于资产贫困和收入贫困。到2001年，联合贫困率从7.6%上升到7.9%。如果只看资产贫困率，由于经济衰退，资产贫困率从1983年到1992年有所上升。然而，1992～2001年，尽管经济繁荣，资产贫困率并没有下降而是上升，这与1992～2001年收入贫困率的急剧下降正好相反。这表明在此期间，穷人收入的增加被用于消费，而不是资产积累。此外，在对资产贫困和收入贫困进行比较后发现，用资产贫困来衡量家庭的经济状况时，贫困率会大大提高。

莫瑟（Moser，2007）主张从多维角度定义资产贫困。他认为，资产是可以在几代人之间获得、改善、发展和传递的金融、人力、物质和社会资源的集合，具体包括物质资产、金融资产、人力资产、社会资产和自然资产。这些资产不仅能创造收入和消费，还能创造其他资产。多维资产侧重于考察资源禀赋，这是一个与能力密切相关的概念。因此，资产不仅可以用来衡量民生净福利水平，还可以给人们摆脱贫困和应对冲击的能力。从精准扶贫对农村低收入家庭生产生活的全方位考虑脱贫效果来看，其扶贫的测量也是需要收入、消费、资产多维减贫测量的，以此全面了解农村低收入家庭的现实状况，才能更好地评估精准扶贫的效率。

（2）家庭资产贫困的静态和动态测量。

①静态资产测量。当家庭收入和消费无法得到数据，无法用净资产计算家庭资产时，许多研究者选择使用家庭微观调查数据库中的资产数据来衡量资产贫困。由于确定资产贫困线的最低生活水平是一维的，在实际应用中，有必要将多维资产变量合成一维变量，建立资产指数，然后根据资产指数的大小对农村低收入家庭进行分类，区分贫困户和非贫困户。其资产指数可以用式（2-9）表示：

$$A_i = \beta_1 a_{1i} + \beta_2 a_{2i} + \beta_3 a_{3i} + \cdots + \beta_k a_{ki} \qquad (2-9)$$

其中，A_i 代表家庭 i 的资产指数，（a_{1i}，a_{2i}，a_{3i}，$\cdots$，a_{ki}）代表 k 个资产指标，（β_1，β_2，β_3，$\cdots$，β_k）代表每一个指标对应的权重。从资产指数的表达形式可以看出，资产指数的建立需要三个步骤：步骤一是如何确定指标；步骤二是如何确定指标的权重；步骤三是如何检验资产指数的稳健性。这三个步骤的合理确定又包括了大量内容，比如指标权重的确定，有比较直接的方法：等值赋权法和人均资产价值法；还有一些间接的方法：多元线性回归方程、主成分分析法、因子分析法、多重对应分析法和多分格主成分分析法等。

②动态资产测量。从静态资产的描述发现，贫困的测量方法主要是结果测量和事后测量，因此不可能预测贫困和预防贫困。为了弥补静态资产贫困测量方法的这一缺陷，采用了注重贫困的长期和结构特征的动态资产贫困测量方法。动态资产贫困测量主要分为动态资产贫困线测量和资产贫困脆弱性测量。其中，动态资产贫困线测量可以区分通过资产管理成功积累资产而脱贫的家庭和未能摆脱贫困的家庭。大多数实证研究侧重于验证贫困陷阱是否存在（Carter & Lybbert，2012；You，2017）；贫困脆弱性是一个动态概念，可以很

好地解释人们陷入和摆脱贫困的过程。通过研究发现，贫困脆弱性与资产密切相关：人们拥有的资产越多，贫困脆弱性就越小；资产侵蚀得越快，就越不安全。因此，为了减少贫困脆弱性，贫困家庭的减贫不仅取决于初始资产，还取决于人们管理资产的能力，即把资产转化为收入、食物和其他生活必需品的能力。

二、有关反贫困的研究方法

反贫困的研究文献涉及从宏观层面到微观视角、从理论发展到实践应用、从国家治理体系建设到农村低收入家庭自主脱贫能力培养，对精准扶贫的认识越来越全面。研究方法有理论阐述、描述性统计、案例分析和计量模型实证分析，都取得了不错的效果。随着精准扶贫数据的完善，在质量上和数量上都能达到各种方法对数据的严格要求。约翰纳斯等（2018）用 50 万条接受失业保险的工人的数据，在年龄断点实证分析了德国大萧条时期，失业保险延长降低了重新就业后的工资。他们通过建立框架模型发现，如果失业保险延长不影响工资条件，保留工资不会约束，重新就业的路径也不会受保留工资影响。失业保险对工资的影响主要是非就业持续时间对工资造成的负面效应。王丽艳和马光荣（2018）以西部大开发为背景，使用空间断点回归方法研究了财政转移支付对地区经济增长的影响，研究发现，转移支付显著地促进了获得地的 GDP 增长，人均转移支付每增加 1%，人均 GDP 增长约 1%，还利用夜间灯光亮度作为经济增长的代理变量，解决 GDP 的统计质量问题，发现转移支付的正向作用依旧存在，但是转移支付增加对教育、医疗等民生性公共品的改善作用有限。ABM（Agent – Based Modeling）方法也值得关注，和其他建模方法相比，ABM 的优势主要体现在三个方面：①ABM 能够捕获突然出现的现象。在 ABM 模拟时，从系统最下方的主体信息出发捕获突然出现的现象。当个体具有学习性和适应性时，系统变复杂，ABM 也可以使用。②ABM 提供了一个系统的自然描述。在许多例子中，ABM 对描述和模拟包括行为主体的系统是最自然的。人们在试图描述交通阻塞、股票市场时，ABM 建模最接近现实。因为一般的方程来源于主体，ABM 方法可以研究加总特征。③ABM 是灵活的。一方面，ABM 的灵活性是能沿着多重维度观察系统，例如，可以增加更多的主体到 ABM 模型，ABM 也为协调主体的复杂性提供了自然框架；另一方面，ABM 具有改变描述和加总的能力：在一个给定的模型中，能很便捷地使用主体总群、主体子群以及主体单一群来描述不同水平的共存，当不能预知描述的合适水平或复杂性时，也适合使用 ABM 模型（Bonabeau，2002）。

上述方法正在使用或者未来会在精准扶贫政策评估和实现共同富裕中发挥作用，为精准扶贫的理论和实践总结以及实现阶段式共同富裕作出更符合真实规律的反映，从而更好地服务于农村低收入家庭美好生活期待的实现。

三、对当前研究的总结评析

通过对国内外扶贫研究文献的梳理总结，我们发现以下几个方面。

第一，重视精准扶贫，缺少扶贫治理效果的一般性评估结论。具体来说，对于精准扶贫的研究还处于理论到实践的阶段，包括致贫原因的政策性分析、扶贫是否瞄准的技术性分析，贫困群众的自主脱贫性、社会扶贫的参与性扶贫方法的分析。较少文献能还原实践再归纳总结到理论层次的后期研究，大多还停留在政策内涵、执行过程、实施难点等就扶贫谈扶贫的政策性研究上。当然也有研究放在乡村治理、技术下乡、收入分配、国家治理等主题上来考察此项政策的制度性影响，但是，基于帮扶政策的长周期、扶贫政策的时间滞后效应，对于扶贫政策的效应分析缺少大量农村低收入家庭当下真实数据的支撑。

第二，作为反贫困的主要方式，财政扶贫资金的存在、使用有其特定理论基础和实践机制。对中国贫困的性质和致贫原因认知，确立了以财政扶贫投入为主，加强农村低收入家庭能力扶持自主脱贫为核心、社会多方力量共同参与的新型反贫困体系。在实践中，财政扶贫资金的运行模式和投入使用机制的目的在于减少贫困，但是和市场密切相关，所以，财政扶贫资金的理论在利益相关者研究上有待深入，而且目前多数研究采用比较早期数据进行案例分析，精准扶贫中，财政扶贫资金的减贫效果有没有很好的实现，其扶贫效果考察尚需反映现实状况。

第三，与之前国家的工农业"剪刀差"运行机制相反，以精准扶贫为代表的政策是对农村大量资源的反哺和投入。在新的情况下，精准扶贫政策已经不仅仅是作用于扶贫本身专项任务的政策了，是新时期一项国家主导下多种力量整合的复杂政策和总体性任务。如何做好精准扶贫，切实保障贫困群众的可持续获得感，精准扶贫的效率评估是需要深入研究的。甚至脱贫后的相对贫困治理也要以精准扶贫为契机，思考农村政策执行的逻辑，通过对扶贫更多的分析，为乡村振兴的顺利开展提供有益参考。

综上所述，在脱贫攻坚过程中，基于实际情况，为以农村低收入家庭增收为代表的获得感找到了一些关键点和影响因素，包括财政扶贫专项资金和人力投入等，为脱贫后的家庭稳固不返贫和共同富裕的开展提供思路。

第三章

农村低收入家庭的收入增加来源和支出分析

　　精准扶贫实施以来，扶贫政策精准到村到户，消除了绝对贫困。脱贫攻坚期间在产业发展、生态宜居、教育保障、医疗保障、乡风文明、体制机制与基层治理等方面的实践，为低收入群体共同富裕的体制机制建设和政策制定提供了许多可借鉴的经验。农村低收入家庭的共同富裕则是扶贫在相对贫困阶段的标准和目标。农村低收入家庭的收入增加是直接获得感，缓解相对贫困、缩小收入差距，是共同富裕的标准之一，因此，研究的关注点是农村低收入家庭的增收效应。

　　收入原本是一个具有广泛联系、人尽皆知的词，然而正是因为如此，学术上的界定是既烦琐又难以公认，其所涉及的元素至少包括收入的主体、形式或载体、指定时期、计量方式、来源渠道和使用去向等，而且大都是就特定背景和研究领域而言的。随着实践中对收入分配及相关问题的关注度日益提高，相应的理论研究也迅速升温。目前被国际学术界和各国统计部门所普遍接受且又便于操作的核心含义是：收入的具体表现形式是家庭或个人的可支配收入，包括个人的消费与储蓄两部分。这里涉及的收入是一般的、内容自含（self-contained）意义上收入的含义（不仅包含货币化的、可观测的，有时或许会包含非货币化和无形的收入），基于本书研究群体是建档立卡的农村低收入家庭，所以收入是货币化的、可观测的，是个人或家庭在一定时期内各种收入（包括不同来源渠道与形式、显性的与隐形的、有形的与无形的等）的总和。

第一节　农村低收入家庭的收入增加来源分析

　　精准扶贫坚持"扶持对象精准、项目安排精准、资金使用精准、措施到户精准、因村派人（第一书记）精准、脱贫成效精准"的基本方略，充分发挥政治优势和制度优势，动员全社会力量，实施精准扶贫、精准脱贫，在产业、教育、健康、生态和文化等方面深入推进，补齐基础设施和公共服务短板，贫困地区农民的生产生活条件有了明显改善，收入有了显著提高。农村低收入家庭的收入在精准扶贫政策实施后有了大幅度提升，有必要对其收入来源进行细致分析，包括劳动工资收入、低保转移收入、财产性收入、经营性收入、项目和金融的分配收益等等，哪项扶贫措施对收入增加有显著的影响，哪项扶贫措施的影响力量还需要加强，哪项措施对扶贫收入的增加没有正向促进。通过对数据量化分析，可以比较清晰地发现扶贫政策对农村低收入家庭脱贫的贡献，从而为低收家庭实现阶段式的共同富裕做学术评估研究。

　　在精准扶贫实践中，随机从乡镇的农村低收入家庭手册中抽出 3 家农村低收入家庭，表 3-1 是 2017 年 3 家农村低收入家庭按照季度统计的收入情况。"管中窥豹"，对农村低收入家庭收入来源有直观了解，当然这个收入在现实中有农村低收入家庭的签字和手印，以此保证统计收入的真实准确性。

表 3-1　　　　　　　　　2017 年度帮扶农村低收入家庭收入情况

	第一季度	第二季度	第三季度	第四季度	家庭人口	人均收入（元）
农村低收入家庭 A	打工月收入 1800 元	打工月收入 1800 元，物业分红 600 元	打工月收入 1800 元，金融扶贫 750 元，物业公司分红 600 元，农贸市场租金分红 600 元	打工月收入 1800 元，金融扶贫 750 元，物业分红 600 元，农贸市场租金分红 750 元	3	8550

	第一季度	第二季度	第三季度	第四季度	家庭人口	人均收入（元）
农村低收入家庭 B	低保金 1530 元，电力补贴 24.6 元，市扶贫办发放棉被 50 元，外出务工收入 4500 元，低保残疾人补助 765 元	低保金 1530 元，电力补贴 24.6 元，金融扶贫企业 2700 元，合计 4254.6 元	药厂占地补偿 154 元，外出务工 4500 元	入股两企业分红 8250 元	3	8009.4
农村低收入家庭 C	低保金 1020 元，电力补贴 24.6 元，市扶贫办发放棉被 50 元	低保金 1020 元，电力补贴 24.6 元，金融扶贫 1800 元	药厂占地补偿 154 元	入股两企业分红 5500 元	2	4796.6

资料来源：L 市的农村低收入家庭收入来源统计表。

从表 3-1 中发现，农村低收入家庭的收入增加第一方面是精准扶贫政策激发农村低收入家庭自身的脱贫能力，农村低收入家庭利用优惠政策勤劳工作，实现收入增加；第二方面是政府通过收入再分配增加农村低收入家庭收入，而且在农村低收入家庭的医疗、教育等方面给予政策补贴，进行保障性扶贫，减少农村低收入家庭的支出，"一加一减"保障收入增加；第三方面是企业等社会组织的捐赠性扶贫增加了农村低收入家庭收入。三方面收入构成了家庭主要收入来源。

一、收入分配在共同富裕中显示关键作用

经济增长并不是减少贫困的充分条件，保证国民经济稳定增长前提下，调节收入分配可以提高经济增长的减贫和缩小收入差距的效应。收入分配是经济运行的原动力和目标结果，是整个经济体的主脉络，汇聚和维系着众多敏感"神经"。一般而言收入分配是指一个经济体将其在一定时期内的经济活动成果在各利益主体之间的分配（王国成，2014）。共同富裕是中国特色社会主义的本质要求，分配制度是促进共同富裕的基础性制度。社会生产的财富被分作两部分：一部分在个别生产者中以工资和利息的形式分配，其份额根据生产中每个人所做的工作进行分配；另一部分给予整个社会，用公共福利形式分配给

所有成员。根据成员满足的不同情况进行分配，第一部分代表个人在生产中努力的结果，第二部分代表整个社会用以帮助个人增加的力量，比如新型农村养老保险，针对的就是 60 岁及以上的农村居民；农村低保补贴针对的是满足低保政策的农村家庭等。作为低收入人群，分配的作用非常关键，增加低收入群体的分配份额可以提升经济福利，实现阶段式的共同富裕。

从农村低收入家庭的增收来源来看，引导多种形式如非农就业、盘活土地要素、发挥特色农业竞争优势等，拓宽农村低收入家庭收入来源，这是初次收入分配。涂圣伟（2023）认为新时代扎实推进共同富裕，要优化补贴确保农民收入继续保持较高增速水平。农村低收入家庭弱于普通农村家庭，李实等（2023）提出政策建议，要在足够的基本生活保障基础上，在财政可负担的前提下，进一步加大财政投入力度，提高低收入群体的补贴标准，同时要建立动态调整机制，让转移支付的提高程度不低于平均收入的增长速度。这体现了国民收入分配的再收入分配效应；鼓励和激发慈善行为，让慈善行为真正受益于农村低收入家庭，这是第三次分配。让第三次分配发挥更大的作用，需要营造更加友好的社会环境，形成人人都愿意做公益、富人乐意做慈善的氛围，机制的设计还要健全和完善。通过三次收入分配后，农村低收入家庭的收入形成了收入分布，收入分布实际上是分配结果的某种实现形态，是针对分配的对象、主体、方式、原则、政策等实施后的存在状态与效果评价，是以个体收入作为密度的累积分布函数，收入分配对农村低收入家庭共同富裕的意义重大。

二、西方经济学流派收入分配理论

从新古典经济学派的理论到社会主义的按劳分配制度，对低收入家庭的收入和缩小贫富差距都有影响，对共同富裕的实现也有借鉴的意义。

作为新古典学派的标志性代表人物，马歇尔、庇古等认为国民收入是各种生产要素共同创造的，各个生产要素（这些生产要素归劳动、土地、资本、企业组织的所有者）在国民收入中所占份额的大小，取决于它们各自供求状况所决定的均衡价格。马歇尔认为分配不均是资本主义制度的严重缺陷，应当在不影响国民收入增长的基础上缓解这种分配不均。庇古接受了这一观点，国家应该加强对收入分配的政策干预，借此增加穷人的收入，缩小贫富差距。庇古从边际效用基数论出发，认为最好的干预是向富人征收累进税和遗产税，给低收入者增加失业补助和社会救济，给劳动者增加必要的货币补贴，提供各种社会服务设施，实行普遍的养老制度，或按最低收入进行普遍补贴。以后经新福利经济学家、凯恩斯主义者和新制度主义者的发展，形成了"收入均等化"的分配理论。

新古典综合派的边际生产力的分配理论，工资由劳动的边际生产力决定，资本的利润取决于资本的边际生产力。关于转移支付和收入不平等的历史实践，在20世纪六七十年代，欧美各国的转移支付得到最迅速的提高，收入不平等程度也获得普遍下降；在20世纪八九十年代，欧美各国的收入不平等程度开始上升，然而再分配转移的增长却没有那么迅速，原因在于新古典宏观经济学在20世纪80年代后开始占据支配地位。

新古典宏观经济学所得出的结论与新古典综合派恰好相反：经济增长使工资在国民收入中所占的比重下降，工资与利润之比朝着不利于工资的方向变化。根据他们的解释理论，他们主张的一个政策目标是承认收入分配不均是资本主义社会的一个重要缺陷，并努力实现收入分配趋于平等。然而，这也并不是说收入均等化政策就意味着利润的废除，因为一定的投资是任何合理的经济增长率都需要的，利润是在私有制社会内部维持持续投资的动力。

三、社会主义公有制度下的按劳分配方式

（一）马克思按劳分配理论

马克思按劳分配理论的主要内容是：主张在生产资料公有制基础上等量劳动领取等量的报酬，多劳多得，少劳少得，不劳不得。

首先，按劳分配的客观经济前提：马克思关于社会主义的设想是"在生产力高度发达的资本主义基础上建立的社会主义，实行公有制、计划经济和按劳分配，取消商品和货币"[①]。

其次，按劳分配的分配对象是对社会总产品作了必要社会扣除后的个人消费品。

再次，按劳分配的分配原则是全社会等量劳动获取等量消费品的原则。

最后，按劳分配的尺度是在马克思设想的商品货币消亡的情况下，劳动者的劳动直接转变为社会劳动，按劳分配直接以劳动者的劳动时间为尺度。

---

① 邓剑秋. 马克思主义中国化思想 [M]. 北京：人民出版社，2009：186.

从各学派关于初次收入分配理论来看，农村低收入家庭占有的生产要素数量有限，对生产的贡献程度不高，农村低收入家庭在初次分配中收入较少；本书研究对象为 L 市，其农村低收入家庭户主的平均年龄在 60 岁以上，年龄的因素就使得异质性个体无法在机会平等下进行公平竞争，参与生产过程按贡献得到劳动工资的水平也大大低于平均水平。因此，精准扶贫政策一是提高农村低收入家庭的劳动素质和劳动数量，激发农村低收入家庭的内生脱贫力量；二是增加农村低收入家庭自有的生产要素，最常见的政策措施为具有经营权的土地和输入资源如扶贫专项资金投入确权到贫困村，这些生产要素资源参与生产过程，成为农村低收入家庭的收入来源的一部分。

（二）收入分配理论在中国的发展

马克思主义中国化的实践中，其收入分配理论在中国不同历史时期的实践中得到了丰富和发展，当然也有曲折。改革开放 40 多年来，收入分配制度形成了以按劳分配为主体、多种分配方式并存的分配制度，伴随着市场化改革的发展，中国社会也逐渐出现了收入差距不断扩大的现象，这与"最终实现共同富裕"的社会主义改革根本目标相悖，而且也会激化社会矛盾，不利于国家的稳定和团结。因此，根据收入分配理论，合理调整国民收入分配关系，共享改革发展成果，成为社会制度改革的攻坚重点。期间政府出台了一系列收入分配指导性政策，国民收入分配政策如表 3 - 2 所示。

表 3 - 2 国民收入分配政策

年份	发布文件	主要内容
2007	党的十七大报告	健全劳动、资本、技术、管理等生产要素按贡献参与分配的制度，初次分配和再分配都要处理好效率和公平的关系，再分配更加注重公平。逐步提高居民收入在国民收入分配中的比重，提高劳动报酬在初次分配中的比重
2008	国务院政府工作报告	调整国民收入分配格局，深化收入分配制度改革
2009	中央经济工作会议	要加大国民收入分配调整力度，增强居民特别是低收入群众消费能力

年份	发布文件	主要内容
2010	国务院政府工作报告	按照党的十七大确定的方向，进一步深化收入分配制度改革，努力提高居民收入在国民收入分配中的比重，提高劳动报酬在初次分配中的比重，努力扭转城乡、区域、行业和社会成员之间收入差距扩大趋势。要通过发展经济，把社会财富这个"蛋糕"做大，也要通过合理的收入分配制度把"蛋糕"分好，让全体人民都能够共享改革发展成果，促进社会和谐稳定
2011	《全国人民代表大会常务委员会关于修改〈中华人民共和国个人所得税法〉的决定》	实行个税体系的改革
2012	国务院政府工作报告	深化收入分配制度改革，制定收入分配体制改革的总体方案，具体要求为努力提高居民收入在国民收入分配中的比重，提高劳动报酬在初次分配中的比重。完善工资制度，建立工资正常增长机制，稳步提高最低工资标准。创造条件增加居民财产性收入，建立公共资源出让收益的全民共享机制。加大对高收入者的税收调节力度，严格规范国有企业、金融机构高管人员薪酬管理，扩大中等收入者比重，提高低收入者的收入，促进机会公平。规范收入分配秩序，有效保护合法收入，坚决取缔非法收入，尽快扭转收入差距扩大的趋势
2012	党的十八大报告	千方百计增加居民收入，通过深化收入分配制度改革来实现居民收入增长和经济发展同步、劳动报酬增长和劳动生产率提高同步
2013	《关于深化收入分配制度改革的若干意见》	目标是：城乡居民收入实现倍增。到2020年实现城乡居民人均实际收入比2010年翻一番，力争中低收入者收入增长更快一些，人民生活水平全面提高；收入分配差距逐步缩小。城乡、区域和居民之间收入差距较大的问题得到有效缓解，扶贫对象大幅减少，中等收入群体持续扩大，"橄榄型"分配结构逐步形成；收入分配秩序明显改善。合法收入得到有力保护，过高收入得到合理调节，隐性收入得到有效规范，非法收入予以坚决取缔；收入分配格局趋于合理。居民收入在国民收入分配中的比重、劳动报酬在初次分配中的比重逐步提高，社会保障和就业等民生支出占财政支出比重明显提升
2014	国务院政府工作报告	要深化收入分配体制改革，努力缩小收入差距，多渠道增加低收入者收入，不断扩大中等收入者比重。使城乡居民收入与经济同步增长

年份	发布文件	主要内容
2015	《中华人民共和国国民经济和社会发展第十三个五年规划纲要》	坚持居民收入增长和经济增长同步、劳动报酬提高和劳动生产率提高同步，持续增加城乡居民收入。调整国民收入分配格局，规范初次分配，加大再分配调节力度，完善市场评价要素贡献并按贡献分配的机制。实行有利于缩小收入差距的政策，明显增加低收入劳动者收入，扩大中等收入者比重。加快建立综合和分类相结合的个人所得税制。多渠道增加居民财产性收入。规范收入分配秩序，保护合法收入，规范隐性收入，遏制以权力、行政垄断等非市场因素获取收入，取缔非法收入。支持慈善事业发展，广泛动员社会力量开展社会救济和社会互助、志愿服务活动。完善鼓励回馈社会、扶贫济困的税收政策
2016	国务院政府工作报告	坚持以人民为中心的发展思想，努力补齐基本民生保障的短板，朝着共同富裕方向稳步前进。切实保障改善民生，加强社会建设，财政收入增长虽放缓，但该给群众办的实事一件也不能少。着力扩大就业创业，发展更高质量更加公平的教育，协调推进医疗、医保、医药联动改革，织密织牢社会保障安全网
2017	党的十九大报告	坚持按劳分配原则，完善按要素分配的体制机制，促进收入分配更合理、更有序。鼓励勤劳守法致富，扩大中等收入群体，增加低收入者收入，调节过高收入，取缔非法收入。坚持在经济增长的同时实现居民收入同步增长、在劳动生产率提高的同时实现劳动报酬同步提高。拓宽居民劳动收入和财产性收入渠道。履行好政府再分配调节职能，加快推进基本公共服务均等化，缩小收入分配差距
2018	国务院政府工作报告	提高保障和改善民生水平，要在发展基础上多办利民实事、多解民生难事，兜牢民生底线，不断提升人民群众的获得感、幸福感、安全感。从就业创业、教育、健康、住房、民生兜底等方面着力，稳步提高居民收入水平。合理调整社会最低工资标准，提高个人所得税起征点，增加子女教育、大病医疗等专项费用扣除，合理减负，鼓励人民群众通过劳动增加收入、迈向富裕
2018	《个人所得税法（修正案）》	个税起征点从3500元提高到5000元
2019	国务院政府工作报告	多措并举促进城乡居民增收，增强消费能力。落实好新修订的个人所得税法，使符合减税政策的约8000万纳税人应享尽享
2020	国务院政府工作报告	居民收入增长与经济增长基本同步

年份	发布文件	主要内容
2021	《中华人民共和国国民经济和社会发展第十四个五年规划和2035年远景目标纲要》	坚持居民收入增长和经济增长基本同步、劳动报酬提高和劳动生产率提高基本同步，持续提高低收入群体收入，扩大中等收入群体，更加积极有为地促进共同富裕
2022	党的二十大报告	坚持多劳多得，鼓励勤劳致富，促进机会公平，增加低收入者收入，扩大中等收入群体。规范收入分配秩序，规范财富积累机制，保护合法收入，调节过高收入，取缔非法收入

从表3-2中的政策来看，规范初次收入分配，作为生产要素的劳动，其报酬提高要与劳动生产率提高同步，也要增加居民的财产性收入，居民收入增长要与经济增长同步；加大再分配调节力度，实行有利于缩小收入差距的政策，构建完善的社会保障体制、再分配制度、保证教育的公平性等，中低收入者收入增长更快一些；动员社会力量参与扶贫济困，这是第三次收入分配。努力形成合理的"橄榄型"收入分配格局，实现共同富裕的目标。作为建档立卡的农村低收入家庭，其收入水平在低收入者层列，有必要通过收入再分配政策来促进利益更为均等的帕累托改进，实现更为广泛的分配。精准扶贫实践中，收入再分配是农村低收入家庭脱贫非常关键的脱贫机制保障，2013年精准扶贫政策实施以来，更是对低收入人群有了更多投入支持、再分配的优先考虑。

第二节 最优控制方法在农村低收入家庭支出结构中的应用

对低收入家庭进行的帮扶措施是多样化的，措施的多样化可以让收入来源多元化，多元化的收入来源又可以让收入的增加较为稳定，从而家庭成员对收入的获得有一个稳定的范围，可以为家庭的支出做一定的计划。参考龚六堂和邹恒甫（2000，2001）的文章，看各项帮扶政策下，当农村低收入家庭的收入增加时，其收入的支出情况是怎么样的，具体来说，就是对农村低收入家庭消费水平、家庭债务水平、投资如何变化。

作为国家主导的相对贫困时期的共同富裕，对于帮扶农村低收入家庭也有和精准扶贫时期的措施的变化。和扶贫初期相比，经过这么长时间的努力，农村低收入家庭的收入在扶贫政策措施下有了较为明显的改善。生产生活提高后，最大化他们的效用，其支出状况会发生什么变化吗？以此预估这些家庭自主收入增加能力，进行共同富裕的实现机制分析。这正是最优控制方法在经济学中的应用之一。

一、拉姆齐模型分析分散经济框架在农村低收入家庭增收后支出状况改变中的应用

拉姆齐模型是拉姆齐和卡斯（Ramsey，1928；Cass，1965）采用分散经济的框架分析代表性的家庭在自己预算约束下选择消费路径、资本存量路径和劳动力供给路径来使自己的效用最大化。也就是说，在人均化的模型中等价于选择人均消费路径 $c(t)$ 和人均资产积累路径 $a(t)$ 来使其效用最大化，即在给定的初始人均资产水平 $a(0) = a_0$ 和预算约束下，极大化目标函数。

对于一个代表性的农村低收入家庭，记 t 时刻家庭拥有的总资产为 $A(t)$，这里 $A(t)$ 可以为正，也可以为负。当 $A(t)$ 为正时，表明此时家庭拥有正资产；反之，表明家庭负债。假设在完全竞争下，市场上的资产回报率（即利率）为 $r(t)$。家庭所拥有的资产在 t 时刻可以带来的收益为 $rA(t)$，如果 $A(t)$ 为负，$rA(t)$ 表明此时家庭必须付的债务利息。同时，假设家庭可以为社会提供劳动力，得到工资回报，t 时刻的工资率设为 $\omega(t)$，家庭提供的劳动力为 $L(t)$。家庭通过劳动得到的收益为 $\omega(t)L(t)$，因此 t 时刻家庭的总收入为 $r(t)A(t) + \omega(t)L(t)$。家庭除用一部分资产来消费外，其余用来储蓄增加资产。记 t 时刻家庭的总的消费水平为 $C(t)$，得到家庭的预算约束表示为：

$$\dot{A}(t) = \omega(t)L(t) + r(t)A(t) - C(t) \qquad (3-1)$$

定义 $a(t) = A(t)/L(t)$ 为 t 时刻家庭拥有的人均资产，$c(t) = C(t)/L(t)$ 为 t 时刻家庭的人均消费，劳动的增长率设为 n，式（3-1）可以改写为：

$$\dot{a}(t) = \omega(t) + r(t)a(t) - c(t) - na(t) \qquad (3-2)$$

当 $A(t)$ 为负时，为避免家庭的债务水平过大，对借贷有约束，农村低收入家庭的借贷成功率是很低的。假设资产的贴现非负，即：

$$\lim_{t \to \infty} \left\{ a(t)\exp\left[-\int_0^t (r(v) - n)dv \right] \right\} \geq 0 \qquad (3-3)$$

式（3-3）显示，从长期来看，家庭的人均债务的增长率不能超过

$r(t)-n$，总债务的增长率就不会超过 $r(t)$。

设消费者的效用函数 $u(c(t))$：$R_+ \to R_+$ 为非降的、边际效用递减的，效用函数二阶连续可微下，上述假设式（3-3）可写成：

$$u'(c(t)) \geq 0, \ u''(c(t)) \leq 0 \qquad (3-4)$$

同时，伊琳达（Inada）条件成立，即：

$$\lim_{c \to 0} u'(c(t)) = \infty, \ \lim_{c \to \infty} u'(c(t)) = 0 \qquad (3-5)$$

当消费品充分多时，边际效用就会充分小；反之，当消费品很少时，边际效用就会充分大。以此保证了消费函数的平滑性。

考虑贴现率为给定的正常数 $\rho(0 < \rho < 1)$，消费者所有效用贴现和表示为：

$$U = \int_0^\infty u(c(t)) e^{nt} e^{-\rho t} dt, \ \rho > n \qquad (3-6)$$

这就是目标函数，式（3-2）为限定约束条件，a_0 为给定的值。

根据最优控制方法，利用 Hamilton 系统来求解这个优化问题，其 Hamilton 方程为：

$$H = u(c(t)) e^{-(\rho-n)t} + \lambda [\omega(t) + (r(t) - n)a(t) - c(t)] \qquad (3-7)$$

其中，λ 为 Hamilton 乘子，表示财富的现值影子价格，即在 t 时刻增加 1 个单位的资本存量所带来的最优效用的增加量。

最优条件为：

$$\frac{\partial H}{\partial c} = u'(c(t)) e^{-(\rho-n)t} - \lambda = 0 \qquad (3-8)$$

$$\dot{\lambda} = -\frac{\partial H}{\partial a} = -(r-n)\lambda \qquad (3-9)$$

横截性条件（TVC）：

$$\lim_{t \to \infty} \lambda a(t) = 0 \qquad (3-10)$$

式（3-8）表明在最优时，消费的边际效用等于财富的边际值，式（3-9）是艾乌勒（Euler）方程，横截性条件排除了发散的均衡点的情形，它表明在时间充分长时，财富的价值充分小，这是因为：如果充分长的时间财富的边际值为正，则消费者的财富一定为零，否则，财富为正，消费者可以降低财富水平用来增加消费，从而提高总的效用；同样，充分长的时间消费者还存在正的财富，则消费者的边际效用一定等于零。通过最优条件方程计算可以得到：

$$\frac{\dot{c}}{c} = -\frac{u'(c(t))}{u''(c(t))c}(r - \rho) \qquad (3-11)$$

代表性的厂商选择资本和劳动使得他的利润最大，在新古典生产函数的假设下，厂商利润最大化行为得到：

$$r = \rho'(k) \qquad\qquad (3-12)$$

$$\omega = f(k) - f'(k)k \qquad\qquad (3-13)$$

其中 k 为厂商的资本，在均衡点，所有的需求等于供给，同时债务水平为零，即 a = k。式（3-2）写成：

$$\dot{k} = f(k(t)) - c(t) - (n+\delta)k(t) \qquad\qquad (3-14)$$

式（3-11）可以写成：

$$\frac{\dot{c}}{c} = -\frac{u'(c(t))}{u''(c(t))c}(f'(k(t)) - \rho - \delta) \qquad\qquad (3-15)$$

TVC 条件写为：

$$\lim_{t\to\infty} k \exp\left\{ -\int_0^\infty (f'(k(t) - \delta - n))dv \right\} = 0 \qquad\qquad (3-16)$$

动态方程给出系统的动态特征，当 $\dot{k} = \dot{c} = 0$ 时，达到均衡点：

$$f(k(t)) - c(t) - (n+\delta)k(t) = 0 \qquad\qquad (3-17)$$

$$f'(k(t)) - \rho - \delta = 0 \qquad\qquad (3-18)$$

满足上面两个方程的人均资本量和人均消费水平就是均衡点，记为（c^*，k^*）。

奥布斯特菲尔德（Obstfeld，1995）利用拉姆齐模型的框架讨论国外经济援助对经济均衡点的影响。其研究结论为：国外的经济援助仅仅提高了国内的消费水平，对长期的国内资本存量无影响；但可以缩短资本存量由初始水平到达均衡水平的时间。假设国外的经济援助直接进入国内的生产过程，则可以提高国内在均衡点时的资本存量。在好的经济政策下，国外的经济援助将促进经济的发展，提高国内在均衡点时的资本存量，反之，会对国内的经济产生负面作用，虽然可以提高国内的消费水平，但国内均衡的资本存量减少。

二、奥布斯特菲尔德模型在农村低收入家庭增收后支出状况改变中的应用

从拉姆齐模型的代表性家庭最大化效用出发，来看建档立卡的农村低收入家庭的最大化效用情况。农村低收入家庭是代表性家庭的一部分，当把帮扶政策扩大到所有家庭时，农村低收入家庭的预算约束条件发生一些变化，因为政策实施，农村低收入家庭得到了很多政策扶持，相当于有了外部援助。根据奥

布斯特菲尔德模型,来讨论农村低收入家庭得到外部援助后,对其生产生活的影响。

对于代表性的农村低收入家庭的效用最大化:

$$\max \int_0^\infty u(c(t))^{-\beta t} dt \qquad (3-19)$$

满足约束条件:

$$\dot{k} = f(k(t)) - c(t) + a \qquad (3-20)$$

其中,初始资本存量 $k(0) = k_0$ 给定,a 为扶贫政策实施后的经济援助,它是外生给定的常数。这里 $c(t)$ 为人均消费水平,$u(c(t))$ 为效用函数:$R_+ \rightarrow R_+$ 为非降的、边际效用递减的二阶连续可微函数,$k(t)$ 为人均资本存量水平,生产函数 $y = f(k(t))$ 为连续可微的、递增的、边际效用递减的、一阶齐次函数。

定义 Hamilton 函数,由最优控制原理得到最优性条件:

$$u'(c(t)) = \lambda \qquad (3-21)$$

$$\dot{\lambda} = \beta\lambda - \lambda f'(k(t)) \qquad (3-22)$$

$$\lim_{t \to \infty} \lambda k(t) e^{-\beta t} = 0 \qquad (3-23)$$

λ 是 Hamilton 乘子,从而得到消费水平和资本积累的动态方程:

$$\dot{k} = f(k(t)) - c(t) + a \qquad (3-24)$$

$$\dot{c} = -\frac{u'(c(t))}{u''(c(t))}[f'(k(t)) - \beta] \qquad (3-25)$$

可以得到均衡时的资本存量和消费水平满足:

$$f(k^*(t)) - c^*(t) + a = 0 \qquad (3-26)$$

$$f'(k^*(t)) - \beta = 0 \qquad (3-27)$$

均衡点的资本存量与帮扶政策带来的经济援助无关,仅仅依赖于时间的偏好,因此,帮扶带来的常数类型的经济援助不影响均衡点的资本存量水平,但可以使均衡点的消费水平提高,通过对均衡时的方程中的 a 求导得到:

$$\frac{\partial c^*(t)}{\partial a} = 1 \qquad (3-28)$$

在均衡点时,增加的外来帮助全部用来增加消费。资本存量的收敛速度与 a 有关,帮扶增加可以加速经济向均衡点移动。按照上述结论,农村低收入家庭得到外来经济帮助时,全部用来增加消费。

把奥布斯特菲尔德模型推广,引入内生时间偏好时,用内生时间偏好模型来研究农村低收入家庭得到帮扶后的支出结构变化。

三、内生时间偏好模型在农村低收入家庭增收后支出状况改变中的应用

假设农村低收入家庭的瞬时效用函数 $u(c(t))$ 为效用函数：$R_+ \to R_+$ 为非降的、边际效用递减的二阶连续可微函数，满足 Inada 条件，采用乌扎瓦（Uzawa，1986）的内生时间偏好理论。如果消费在区间上是连续的，假设时间偏好率 $\Delta(s)$ 是跨时效用的函数，即：

$$\Delta(s) = \int_0^s \beta(u(t))\,dt \qquad (3-29)$$
$$\Delta(0) = 0$$

假设对任意 $u(t) > 0$，有 $\beta(u(t)) > 0$，$\beta'(u(t)) > 0$，消费水平上升，折现率会上升，消费者将把消费推后 $\beta''(u(t)) > 0$，消费者偏向更高的效用的路径 $\beta(u(t)) - u\beta'(u(t)) > 0$，消费函数具有连续性。

假设债务水平 b 的利息为 $h(b)$，满足 $h'(b) > 0$，$h''(b) > 0$，表明国家的债务水平越高，其相应要支付的利息就越高，而且利率随着债务水平的增加也会相应地提高。特别情况，当利息函数 $h(b) = rb$ 时，结论也成立。特别情况符合政府补贴信贷利息的现实，一阶求导其利息函数为常数 r，二阶求导其利息函数为 0，即 $h''(b) = 0$。

农村低收入家庭消费效用贴现和表示为：

$$\max \int_0^\infty u(c(t))e^{-\Delta(t)}\,dt \qquad (3-30)$$

使得：

$$\dot{k} - \dot{b} = f(k(t)) - c(t) - h(b) + a \qquad (3-31)$$

其中，初始条件 $k(0) = k_0$，给定 $b(0) = b_0$ 也就是说，农村低收入家庭的效用极大问题就是在其预算约束下选择消费路径、资本积累路径和债务水平路径来极大化效用。

由 $d\Delta(s) = \beta(u(s))ds$，则：

$$U = \int_0^\infty \frac{u(c(t))}{\beta u(c(t))}e^{-\Delta(t)}\,d\Delta(t) \qquad (3-32)$$

使得 $\dfrac{d\omega(t)}{d\Delta(t)} = \dfrac{f(k(t)) - c(t) - h(b) + a}{\beta u(c(t))}$，利用 Hamilton 系统来求解，定义

Hamilton 方程

$$H = \frac{u(c(t))}{\beta u(c(t))} + \lambda \frac{f(k(t)) - c(t) - h(b) + a}{\beta u(c(t))} + \mu(k(t) - b - \omega)$$

$$(3-33)$$

其中，μ 为对应财富约束的乘子。

最优条件为：

$$u'(c(t)) - \frac{u + \lambda(f(k(t)) - c(t) - h(b) + a)}{\beta u(c(t))} \beta' u'(c(t)) = \lambda$$

$$(3-34)$$

$$\frac{d\lambda}{d\Delta(t)} = \lambda - \frac{\partial H}{\partial \omega} = \lambda + \mu \qquad (3-35)$$

$$\lambda \frac{f'(k(t))}{\beta u(c(t))} + \mu = 0 \qquad (3-36)$$

$$\lambda \frac{h'(b)}{\beta u(c(t))} + \mu = 0 \qquad (3-37)$$

计算得到：

$$f'(k(t)) = h'(b) \qquad (3-38)$$

$$\frac{d\lambda}{dt} = \lambda(\beta - f'(k(t))) \qquad (3-39)$$

1. 考虑外部帮扶的长期影响

由 $b = b(k(t))$，$\lambda = \lambda(b, c(t), k(t))$ 进一步得到：

$$\lambda_c = \frac{(\beta - \beta' u(t)) u'' - \beta'' u_c^2}{\beta + \beta' u_c (f(k(t)) - c(t) - h(b) + a)}$$

$$- \frac{(\beta - \beta' u(t)) u_c (f(k(t)) - c(t) - h(b) + a)(\beta'' u_c^2 + \beta' u_{cc})}{(\beta + \beta' u_c (f(k(t)) - c(t) - h(b) + a))^2}$$

$$(3-40)$$

$$\lambda_b = \frac{(\beta - \beta' u(t)) u_c^2 \beta' h'(b)}{(\beta + \beta' u_c (f(k(t)) - c(t) - h(b) + a))^2} \qquad (3-41)$$

$$\lambda_k = \frac{-(\beta - \beta' u(t)) u_c^2 \beta' f'(k)}{(\beta + \beta' u_c (f(k(t)) - c(t) - h(b) + a))^2} \qquad (3-42)$$

得到动态系统：

$$\dot{k} = \frac{h''(b)}{h''(b) - f''(k(t))} (f(k(t)) - c(t) - h(b) + a) \qquad (3-43)$$

$$\dot{c} = \frac{\lambda}{\lambda_c}(\beta - f'(k(t))) + \frac{\lambda_k}{\lambda_c}\left(1 - \frac{f''(k(t))h'(b)}{h''(b)f'(k(t))}\right)(f(k(t)) - c(t) - h(b) + a)$$

$$(3-44)$$

当 $\dot{k} = \dot{c}$ 时，达到均衡，其均衡点为 (c^*, k^*)：

$$c^* = f(k^*) - h(b(k^*)) + a$$

$$\beta = f'(k^*)$$

均衡点存在且鞍点稳定，对均衡条件微分可得：

$$\frac{dk^*}{da} = \frac{\beta' u_c}{f'' - \beta' u_c(f' - h'b_k)} < 0$$

$$\frac{dc^*}{da} = \frac{f''}{f'' - \beta' u_c(f' - h'b_k)} > 0$$

$$\frac{db^*}{da} = \frac{b_k \beta' u_c}{f'' - \beta' u_c(f' - h'b_k)} > 0$$

因此，对农村低收入家庭的外部帮助长期增加，将降低均衡点的资本存量，增加均衡点的债务水平，但可以增加均衡点的消费水平，均衡时，$h''(b)$ 没有显示出作用，所以，特殊情况的利息也得到一样的结果。

2. 帮扶政策的短期影响

借助于裘德（Judd，1981）所提出的短期福利分析方法，假设政策帮扶水平处于 a^* 时，经济初始处于均衡时期，即在均衡点为 (c^*, k^*)，此时，政策帮扶如式变化：

$$a = a^* + \varepsilon j(t) \qquad (3-45)$$

其中，ε 为参数，表示改变的大小；函数 $j(t)$ 为阶梯函数，表示帮扶改变的类型，这样，$t \in [0, T]$ 时暂时的帮扶可以表示为 $j(t) = \begin{cases} 1 & t \in [0, T] \\ 0 & 其他 \end{cases}$，永久的政策帮扶是 $j(t) \equiv 1$，帮扶政策的改变可以从任意时刻发生，$j(t) = \begin{cases} 0 & t \in [0, T] \\ 1 & t \in [T, \infty] \end{cases}$

把改变政策后的帮扶水平式（3-45）代入动态方程（3-43）和（3-44）得到：

$$\dot{k} = \frac{h''}{h'' - f''}(f(k(t)) - c(t) - h(b) + a + \varepsilon j(t))$$

$$\dot{c} = \frac{\lambda}{\lambda_c}(\beta - f'(k(t))) + \frac{\lambda_k}{\lambda_c}\left(1 - \frac{f''(k(t))h'(b)}{h''(b)f'(k(t))}\right)$$

$$(f(k(t)) - c(t) - h(b) + a + \varepsilon j(t))$$

系统的解不仅依赖于 t, 也依赖于参数 ε, 记为 $(c(t, \varepsilon), k(t, \varepsilon))$, 并对 ε 求全微分, 有:

$$\begin{bmatrix} \dfrac{dk_\varepsilon(t)}{dt} \\[2mm] \dfrac{dc_\varepsilon(t)}{dt} \end{bmatrix} = \begin{bmatrix} \phi_{11} & \phi_{12} \\ \phi_{21} & \phi_{22} \end{bmatrix}\begin{bmatrix} k_\varepsilon(t) \\ c_\varepsilon(t) \end{bmatrix} + \begin{bmatrix} \dfrac{h''j(t)}{h'' - f''} \\[3mm] -\dfrac{\lambda_k}{\lambda_c}\left(1 - \dfrac{f''h'}{h''f'}\right)j(t) \end{bmatrix} \quad (3-46)$$

其中,

$$\phi_{11} = \frac{h''}{h'' - f''}(f' - h'b_k) > 0$$

$$\phi_{12} = -\frac{h''}{h'' - f''} < 0$$

$$\phi_{21} = -\frac{\lambda^*}{\lambda_c^*}f'' - \frac{\lambda^*}{\lambda_c^*}\left(1 - \frac{f''h'}{h''f'}\right)(f' - h'b_k) < 0$$

$$\phi_{22} = \frac{1}{\lambda_c^*}\frac{1}{\beta^2}(\beta - \beta'u)u_c\beta'(\beta - h'(b))$$

简单起见, 记 $c_\varepsilon(t) = \dfrac{\partial c}{\partial \varepsilon}(t, 0)$, $\dfrac{dc_\varepsilon(t)}{dt} = \dfrac{\partial}{\partial t}\left(\dfrac{\partial c}{\partial \varepsilon}(t,0)\right)$。

对方程进行 Laplace 变换, 用相应的大写字母表示, 则有:

$$s\begin{bmatrix} K_\varepsilon(s) \\ C_\varepsilon(s) \end{bmatrix} = \begin{bmatrix} \phi_{11} & \phi_{12} \\ \phi_{21} & \phi_{22} \end{bmatrix}\begin{bmatrix} K_\varepsilon(S) \\ C_\varepsilon(S) \end{bmatrix} + \begin{bmatrix} \dfrac{h''J(S)}{h'' - f''} + K_\varepsilon(0) \\[3mm] -\dfrac{\lambda_k}{\lambda_c}\left(1 - \dfrac{f''h'}{h''f'}\right)J(S) + C_\varepsilon(0) \end{bmatrix}$$

$$(3-47)$$

资本存量作为状态变量, 其路径是连续性的, 当政策的帮扶变化时, 它不可能产生跳跃, 因此 $K_\varepsilon(0) = 0$, 考虑鞍点稳定的均衡点, 因此 $K_\varepsilon(S)$, $C_\varepsilon(S)$ 当 $s = \mu$ 时均为有界量, 因此得到:

$$\begin{bmatrix} \dfrac{h''J(\mu)}{h'' - f''}\Phi_{12} \\[3mm] -\dfrac{\lambda_k}{\lambda_c}\left(1 - \dfrac{f''h'}{h''f'}\right)J(\mu) + C_\varepsilon(0) \quad \mu - \Phi_{22} \end{bmatrix}$$

$$\left[\begin{array}{c} \mu - \Phi_{11}\dfrac{h''J(\mu)}{h''-f''} \\[3mm] -\Phi_{21} \qquad -\dfrac{\lambda_k}{\lambda_c}\left(1-\dfrac{f''h'}{h''f'}\right)J(\mu)+C_\varepsilon(0) \end{array}\right]$$

行列式均为零，通过计算得到：

$$c_\varepsilon(0) = -\left[-\frac{\lambda_k}{\lambda_c}\left(1-\frac{f''h'}{h''f'}\right)+\frac{h''}{h''-f''}\frac{\phi_{12}}{\mu-\phi_{22}}\right]J(\mu)$$

$$\left[\begin{array}{c}\dfrac{dk_\varepsilon(0)}{dt} \\[3mm] \dfrac{dc_\varepsilon(0)}{dt}\end{array}\right] = \left[\begin{array}{cc}\phi_{11} & \phi_{12} \\ \phi_{21} & \phi_{22}\end{array}\right]\left[\begin{array}{c}0 \\ c_\varepsilon(0)\end{array}\right] + \left[\begin{array}{c}\dfrac{h''j(0)}{h''-f''} \\[3mm] -\dfrac{\lambda_k}{\lambda_c}\left(1-\dfrac{f''h'}{h''f'}\right)j(0)\end{array}\right]$$

从而有以下结论：当农村低收入家庭得到扶贫政策帮扶时，其消费水平立即增加，为平滑消费路径，农村低收入家庭将增加储蓄率，这样初始的投资率和初始的资本存量增加，减少了借债。

可以通过求全微分得到：

$$\frac{dk_\varepsilon(0)}{dt} = \phi_{12}c_\varepsilon(0) + \frac{h''j(0)}{h''-f''} > 0$$

$$\frac{dc_\varepsilon(0)}{dt} = \phi_{22}c_\varepsilon(0) - \frac{\lambda_k}{\lambda_c}\left(1-\frac{f''h'}{h''f'}\right)j(0) < 0$$

$$\frac{db_\varepsilon(0)}{dt} = b_k\frac{dk_\varepsilon(0)}{dt} < 0$$

政策帮扶是短期时，即假设 $j(t) = \begin{cases} 1 & t\in[0,\ T] \\ 0 & \text{其他} \end{cases}$

这样，$J(\mu) = \dfrac{1-e^{-\mu T}}{\mu}$，此时有：

$$c_\varepsilon(0) = -\left[-\frac{\lambda_k}{\lambda_c}\left(1-\frac{f''h'}{h''f'}\right)+\frac{h''}{h''-f''}\frac{\phi_{12}}{\mu-\phi_{22}}\right]\frac{1-e^{-\mu T}}{\mu}$$

由 $\mu-\phi_{22}$，$c_\varepsilon(0)>0$，可以得到如下结论：政策帮扶导致农村低收入家庭收入增加，因此消费水平增加。同时，收入的增加会使其降低储蓄率，增加借贷。无论是短期影响还是长期影响，结论非常相似。

在内生时间偏好模型中，帮扶政策对农村低收入家庭的资本存量、消费水平和债务的影响：在长期和短期情况下，帮扶政策使其资本存量下降，提高了其消费水平，增加了借贷。因此当对农村低收入家庭实施优惠政策帮扶时，单纯的给钱给物可以显著增加消费，更多的是要对农村低收入家庭的生产资本进行加强，鼓励物质资本和人力资本的投入，激发农村低收入家庭内生富裕能力，从而达到阶段式的共同富裕。

四、小结

农村低收入家庭作为特殊群体，各项帮扶措施根据其需求施策，在外力作用下，农村低收入人群的收入会得到较大幅度的提高。尤其在帮扶措施下，挖掘自身特点，自主脱贫致富的农村家庭可以不用继续享受帮扶政策。由于各种原因无法自主脱贫的农村低收入家庭，收入再分配就非常重要，增加了他们的劳动工资，帮扶政策的补贴和农村低收入家庭的自有资本结合形成农村低收入家庭的资本，从而得到资产回报，这需要分配机制的形成。对低收入的贫困人群，其收入分配问题一直是学者们关心的问题，并得到很多理论，为农村低收入家庭的情况改善做出阐述，指导相对贫困阶段不返贫。本节用数理模型分析农村低收入家庭在帮扶政策实施后，其收入增加，其支出会有如何的反映，比如在消费、信贷、投资方面会比帮扶前有所改变吗？考虑的是整体低收入人群的平均状态，通过支出对农村低收入家庭的收入进行反向推理。结果显示，长久地增加经济帮扶使农村低收入家庭储蓄水平下降，消费水平上升，债务水平上升。同时，短期经济分析结果为：经济帮扶的增加可以使得初始的投资上升，消费水平和债务水平下降，使消费水平和债务增加，投资水平下降。

第四章

乡村第一书记驻村帮扶的增收效应研究

第一节 乡村第一书记驻村帮扶的政策背景

2015年，中央三部门联合发布《关于做好选派机关优秀干部到村任乡村第一书记工作的通知》（以下简称《通知》），从全国层面对选派乡村第一书记工作进行了安排部署，开始了选派机关优秀干部到贫困村任乡村第一书记的实践，《通知》明确了乡村第一书记的四项职责：建强基层组织、推动精准扶贫、为民办事服务、提升治理水平。党的十八大到2017年短短几年时间，全国共选派19.5万名机关优秀干部到村任乡村第一书记。① 乡村第一书记的选拔要求是"政治素质好、工作作风实、综合能力强"的各级优秀年轻干部和后备干部，他们到村后，在乡镇党委的领导和指导下，依靠村党组织带领村"两委"成员开展工作，以更好地推动精准扶贫战略，助力脱贫攻坚。乡村第一书记作为从上而下的外生力量入村，成为全面从严治党向下延伸的重要抓手，一定程度上改善了村庄的公共产品和公共服务的供给现状，是国家主导的精准扶贫战略中的人力投入。

乡村第一书记驻村帮扶在L市从2012年就开始，迄今为止，没有因为被认为履职不力而召回的情况发生。② 按照选派意见，派驻书记的任期一般为两年，派驻地点在精准扶贫阶段是省定贫困村。根据帮扶单位层级，从省级层面

---

① 人民网，http://dangjian.people.com.cn/n1/2017/0628/c117092-29369556.html。
② 见附录二，L市下辖的J区出台的选派机关干部到村任职第一书记的意见。

设立驻村帮扶专项基金，市县两级地方政府相应配套，专项用于所驻村庄解决贫困问题。派驻帮扶政策给农村低收入家庭带来的影响如何？是否能够真正有效提高精准帮扶效率？这是值得深入研究的具有现实意义的课题。关于乡村第一书记驻村帮扶方面的大部分文献基本没有统计数据的支撑。在脱贫攻坚的决胜阶段和相对贫困阶段，本章基于已有研究成果和工作实践，借助 L 市建档立卡的农村低收入家庭的数据，从农村低收入家庭收入增加方面探讨派驻乡村第一书记帮扶的影响，实证评估乡村第一书记驻村帮扶政策的实践价值。

乡村第一书记驻村帮扶期间，帮扶村情况需要摸清摸实，促进贫困村的整体发展和农村低收入家庭增收。通过对农村低收入家庭的精准识别，找到每户的致贫原因，采取针对性的措施帮扶农村低收入家庭增收。与其他扶贫插花村比较，是否提高了帮扶的效率？当然，乡村第一书记自身存在个体异质性，表现在来源层次、身份地位、部门属性、自身能力等各个方面。从这些复杂的关系中，衡量乡村第一书记政策对引领激发农村低收入家庭的内生增收能力的有效性。本章采用倾向性得分匹配法（PSM）和双重差分倾向性得分匹配法（PSM – DID）分析是否派驻乡村第一书记及不同行政层级派驻乡村第一书记对农村低收入家庭增收的影响。其中，PSM 方法能够消除可观测因素，进一步利用双重差分 PSM 消除不可观测因素，分析对农村低收入家庭增收的影响。扩展乡村第一书记驻村的样本数据（不能彻底消除乡村第一书记异质性的影响），尽力体现出乡村第一书记政策对农村低收入家庭增收的影响、不同行政层级派驻对增收是否存在层级对应影响。通过研究派驻乡村第一书记政策对农村低收入家庭增收的实际影响，评估国家人力资本投入的效率。

第二节　农村低收入家庭的收入及其相关变量

本章使用的数据来自 L 市的建档立卡农村低收入家庭。涉及 115 个扶贫插花村、省定贫困村，共计 6544 户农村低收入家庭的两年数据，包括 12516 人，其中 34 个村属于省定贫困村，有省市县三级派驻 68 名乡村第一书记驻村指导精准扶贫，帮助各村农村低收入家庭脱贫。对于扶贫插花村，样本具有广泛的代表性，可以较好地分析目前实施帮扶政策带来的效果。乡村分为派驻乡村第一书记村和未派驻乡村第一书记村。表4－1比较了派驻乡村第一书记村和未派驻乡村第一书记村的农村低收入家庭的收入和个体情况。其中变量 x 和 y 分别代表农村低收入家庭2016年、2017年人均收入，纵向对比两类村庄的农村低收入家庭平均收入，2017年人均收入高于2016年；横向对比，派驻乡村第一书记村的农村低收入家庭人均收入要高于未派驻乡村第一书记村。2016年人均收入是农村低收入家庭的初始禀赋，作为回归方程的自变量；对两年的人均收入取对数，在回归方程中作为收入增长率；family 是家庭人口数，平均值为1.97，说明一户家庭平均不到两口人，户主年龄平均为64.88岁，可以看出相当多农村低收入家庭户主年龄偏大，且存在和子女分户的常态情况。户主性别男性占到70%以上，受教育程度偏低，平均3.81年。健康状况以健康为基础类，变量 h_1、h_2、h_3 分别表示残疾、长期慢性病、大病，也存在同时两种情况都有的状况。脱贫类型为脱贫（享受政策）、未脱贫，分别用 $tplx_1$、$tplx_2$来表示，基础类型是脱贫（不享受政策）。农村低收入家庭种类为低保户、五保户，用 lx_1、lx_2 来表示，基础类型为一般农户。fsec 代表是否有乡村第一书记，psec 代表是否有省派乡村第一书记，msec 代表是否有市派乡村第一书记，csec 代表是否有县区派乡村第一书记，是为1，否为0。

首先初步考察派驻乡村第一书记对农村低收入家庭收入增长的影响，表4－2为 ols 估计结果（以2017年收入对数为被解释变量）。派驻乡村第一书记村的农村低收入家庭的收入比未派驻乡村第一书记的村高出5.7%，且在统计上显著；初始收入对收入增长有21.4%的正效应；年龄、健康状况、脱贫类型对收入增长具有明显的负效应，关于统计显著性，除大病类型有5%的显著性外，其他都是1%的显著性，表明因病致贫的可能性较大。年龄的平方显著性为10%，说明年龄对收入增长先负后正的影响。性别、教育年限、低保户、家庭人口数对收入增长在统计上不显著，农村低收入家庭个体的潜质性没有很好地开发。五保户对收入增长显著，表明五保户作为政府扶贫的关注重点，得到了较好的照顾，取得不错的扶贫效果。

表4-1

农村低收入家庭的个体基本情况

变量	派驻乡村第一书记村				未派驻乡村第一书记村				全样本村			
	平均值	标准差	最小值	最大值	平均值	标准差	最小值	最大值	平均值	标准差	最小值	最大值
y	5671.64	2415.16	3013.75	42213	5451.25	2270.33	2230	34500	5597.82	2369.75	2230	42213
x	4281.72	1423.95	600	14500	4028.02	1151.48	1966.67	12000	4196.74	1344.13	600	14500
family	1.97	0.99	1	7	1.76	0.93	1	7	1.90	0.97	1	7
age	64.88	14.18	6	102	68.57	14.68	12	99	66.12	14.45	6	102
xingbie	0.76	0.43	0	1	0.67	0.47	0	1	0.73	0.44	0	1
edu	3.81	2.58	1	13	3.42	2.54	1	13	3.68	2.58	1	13
h_1	0.10	0.30	0	1	0.20	0.40	0	1	0.13	0.34	0	1
h_2	0.52	0.50	0	1	0.59	0.49	0	1	0.54	0.50	0	1
h_3	0.02	0.13	0	1	0.03	0.17	0	1	0.02	0.14	0	1
$tplx_1$	0.82	0.39	0	1	0.87	0.33	0	1	0.83	0.37	0	1
$tplx_2$	0.002	0.040	0	1	0.02	0.15	0	1	0.009	0.094	0	1
lx_1	0.24	0.43	0	1	0.64	0.48	0	1	0.38	0.48	0	1
lx_2	0.008	0.087	0	1	0.007	0.085	0	1	0.007	0.086	0	1
fsec	1	0	1	1	0	0	0	0	0.67	0.47	0	1
psec	0.59	0.49	0	1	0	0	0	0	0.39	0.49	0	1
msec	0.02	0.14	0	1	0	0	0	0	0.01	0.12	0	1
csec	0.39	0.49	0	1	0	0	0	0	0.26	0.44	0	1
样本量	4352				2192				6544			

注：健康状况、脱贫类型、农村低收入家庭种类变量以全国扶贫开发信息系统内农村低收入家庭数据分类为依据。

表 4-2   收入方程的 ols 估计结果

变量	系数	标准差
fsec	0.057 ***	0.009
lnx	0.214 ***	0.014
age	-0.009 ***	0.002
age^2	0.000 *	0
xingbie	0.01	0.009
edu	0	0.002
h_1	-0.076 ***	0.013
h_2	-0.038 ***	0.009
h_3	-0.065 **	0.026
$tplx_1$	-0.123 ***	0.01
$tplx_2$	-0.194 ***	0.04
lx_1	0.011	0.009
lx_2	0.131 ***	0.042
family	0.001	0.004
常数	7.264 ***	0.128
$A-R^2$	0.2	
样本量	6544	

注：（1） *** 、** 、* 分别表示在 1% 、5% 、10% 水平上显著；（2） age^2 变量是年龄的平方，取三位有效数字，系数和标准差小，显示为 0；（3）回归方程中控制了镇的虚拟变量，下同。

第三节　关于乡村第一书记驻村帮扶效应的 PSM 估计

一、倾向性得分匹配法介绍

倾向性得分匹配法（Propensity Score Matching，PSM）是典型的反事实因果关系推断框架，根据研究要求，农村低收入家庭所在村是否有乡村第一书记是一个随机行为或随机的分配结果，但是在实际中农村低收入家庭所在村整体发展状况、个体家庭特征、村民衍生的社会关系都会影响到是否派驻乡村第一书记的决策，因此，是否派驻乡村第一书记并非纯粹的外生变量，而是一个内生虚拟变量，如果用 OLS 来估计派驻乡村第一书记行为对农村低收入家庭收入影响就会导致估计结果不准确。基于倾向性得分匹配法的特点，本章选择该方法对选择偏差加以修正。

首先，根据倾向性得分匹配法的步骤，第一步是计算农村低收入家庭个体影响派驻行为的倾向性得分，运用 Logit、Probit 或非参数估计（一般采用 Logit 模型）来计算倾向性得分（Dehejia et al.，2002；Becker et al.，2002）：

使用逻辑分布（logistic distribution）的累积分布函数进行计算：

$$P(x_i) = P(D_i = 1 \mid x_i) = F(x_i, \beta) = \Lambda(x_i'\beta) = \frac{\exp(x_i'\beta)}{1 + \exp(x_i'\beta)} \quad (4-1)$$

其中，$P(x_i)$ 为第 i 个农村低收入家庭在派驻乡村第一书记村的条件概率；$D_i = 1$ 表示农村低收入家庭所在村派驻了乡村第一书记；$D_i = 0$ 表示农村低收入家庭所在村未派驻乡村第一书记；β 为待估系数；x_i 表示可观测到的农村低收入家庭特征（协变量），包括 2016 年农村低收入家庭的收入、性别、年龄、受教育程度、健康状况、农村低收入家庭种类、家庭人口数、所在乡镇等。将 Logit 模型获得的概率预测值作为农村低收入家庭个体影响派驻行为的倾向性得分。

二、PSM 计算结果

使用 Logit 模型获得倾向性得分值。农村低收入家庭在派驻乡村第一书记村决策的 Logit 模型估计结果如表 4-3 所示。

表 4-3 农村低收入家庭在派驻乡村第一书记决策的 Logit 模型估计结果

变量	系数	标准差	平均边际效应
lnx	0.972 ***	0.134	0.135
age	0.04 ***	0.016	0.006
age^2	− 0.000 ***	0	− 0.00005
xingbie	0.176 **	0.078	0.025

续表

变量	系数	标准差	平均边际效应
edu	-0.112^{***}	0.015	-0.016
h_1	-0.391^{***}	0.113	-0.055
h_2	-0.02	0.087	-0.003
h_3	-0.56^{**}	0.233	-0.078
$tplx_1$	-0.144	0.099	-0.02
$Tplx_2$	-1.661^{***}	0.318	-0.232
lx_1	-1.764^{***}	0.079	-0.246
lx_2	-0.746^{*}	0.426	-0.104
family	0.218^{***}	0.041	0.03
样本量	6544		
最大似然估计	-2825.783		
Pseudo R^2	0.323		

注：$***$、$**$、$*$分别表示在1%、5%、10%水平上显著。

由表4-3可以看出，农村低收入家庭的初始收入对派驻乡村第一书记决策的影响为正，且在统计上显著；年龄对派驻乡村第一书记决策的影响先为正而后为负，性别对派驻乡村第一书记决策也有正向影响，受教育程度和家庭人口对派驻乡村第一书记决策在1%的显著性上有影响，表明派驻乡村第一书记决策是根据农村低收入家庭的特点精准施策，以发挥农村低收入家庭主观能动性为基础来考虑的。健康状况、脱贫类型、农村低收入家庭种类对派驻乡村第一书记决策影响为负，这些因素不利于农村低收入家庭通过激发内生动力主动脱贫直至致富，其中，农村低收入家庭有慢性病的健康问题、脱贫类型为脱贫（享受政策）对派驻乡村第一书记决策影响为负，但不显著，五保户对派驻乡村第一书记决策影响也为负，在统计上为10%的显著性。综合来看这些变量，通过精准识别、精准帮扶，农村低收入家庭的个体特征增强自主脱贫的可能性的因素会正向影响派驻乡村第一书记决策。

　　为确保匹配质量，在获得农村低收入家庭属于派驻乡村第一书记村的倾向得分之后，对其匹配的共同支撑区域进行分析。图4-1是农村低收入家庭倾向得分匹配前后的密度函数，很显然，和匹配前概率分布比较，经过匹配后，派驻乡村第一书记村的农村低收入家庭和对照组农村低收入家庭的倾向得分区间具有基本一致的重叠，这表明匹配效果较好，大多数观察值在共同取值范围内，满足倾向性得分匹配法所需要的平衡条件，同时画出了省派驻乡村第一书记的匹配前后的密度函数图。①

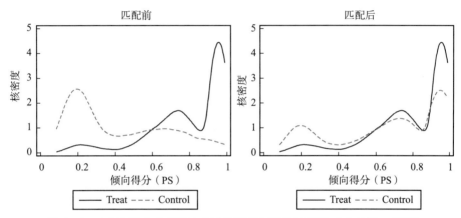

图4-1　农村低收入家庭倾向得分匹配前后的密度函数（乡村第一书记）

　　按照上述分析，对派驻层级的匹配进行估计。根据省派驻乡村第一书记村的倾向性得分，画出农村低收入家庭匹配前后的密度函数图4-2。从图4-2中可以看出，经过匹配后，处理组和对照组的农村低收入家庭的倾向性得分也同样具有基本一致的重叠，显示出良好的匹配效果，满足平衡条件。

　　表4-4是派驻乡村第一书记的平衡性检验结果，可以看出，各种匹配方法显著降低了处理组和对照组间解释变量分布的差异，均值误差从27.8降到9.1，中值误差结果从19.6降到6.3。从而样本选择偏误较大降低，倾向得分估计和样本匹配有效。

---

　　①　市县派驻第一书记的匹配前后的密度函数图效果相似，基于篇幅省略。

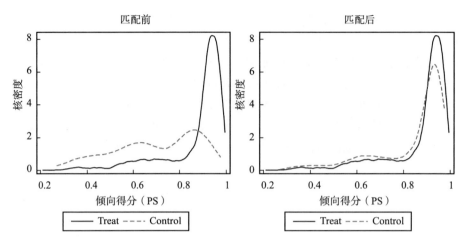

图 4 - 2　农村低收入家庭倾向得分匹配前后的密度函数图（省派乡村第一书记）

表 4 - 4　　　　　　　倾向得分匹配前后解释变量平衡性检验结果

匹配方法	Ps R²	LR 统计量	p > chi2	均值误差	中值误差
未匹配前	0.32	2674.51	0	27.8	19.6
核密度匹配	0.04	483.13	0	10.2	6.3
K 近邻匹配	0.044	531.08	0	9.1	4.3
卡尺匹配	0.041	498.53	0	11.2	7.7

　　根据倾向性得分匹配后，处理组的平均处理效应（Average Treatment Effect on the Treated，ATT）用下面公式表示：

$$ATT = E\{E[y_{1i} \mid D_i = 1, P(x_i)] - E[y_{i0} \mid D_i = 0, P(x_i)] \mid D_i = 1\}$$

$$(4 - 2)$$

其中，D_i 依据前面所述，为处理变量，取 1 时表示农村低收入家庭在派驻乡村第一书记村，取 0 时表示农村低收入家庭不在派驻乡村第一书记村；y_{1i} 表示第 i 个个体在派驻乡村第一书记村的收入水平；y_{i0} 表示第 i 个农村低收入家庭不在派驻乡村第一书记村的收入水平。倾向性得分匹配法有很多种，如最小近邻匹配法（Nearest Neighbor Matching）、半径匹配法（Radius Matching）、核匹配法（Kernel Matching）和偏差校正匹配估计等。

　　表 4 - 5 给出了这四种倾向性得分匹配法下的收入效应估计结果。前面三

种匹配方法的平均处理效应结果相差不大，最大的差距为 2.4 个百分点，回归结果接近，具有较高的可信度。农村低收入家庭在派驻乡村第一书记村比未派驻乡村第一书记村的收入至少要高出 7.6%，偏差校正匹配估计与 OLS 估计结果 5.7%（见表 4-2）相差仅 0.2 个百分点，综合来看，派驻乡村第一书记行为确实能够有效提高农村低收入家庭收入，显示出干部驻村帮扶制度的优越性。但是倾向性得分匹配法是否很好地纠正了 OLS 估计结果的选择偏差问题，下面采用双重差分倾向得分匹配法（PSM-DID）过滤掉不可观测因素的作用。

表 4-5　　　　　　　　　基于倾向性得分匹配法的 ATT 估计结果

匹配方法	处理组的平均处理效应 ATT	标准差	T 值
K 近邻匹配	0.076	0.019	3.94
半径匹配	0.1	0.015	6.61
核匹配	0.099	0.015	6.43
偏差校正匹配	0.059	0.016	3.71

第四节　派驻主体行政层级的扶贫效果的 PSM-DID 量化评估

一、派驻主体行政层级的扶贫效果 OLS 和 PSM 量化结果

派驻主体的行政层级对帮扶效果的评定较为复杂，本章从收入增长角度进行量化分析。陈志军等（2017）通过两个假说验证了派驻主体的行政层级越高，对农村低收入家庭的帮扶越有效果，派驻主体的行政层级较高可以强化帮扶措施的执行力度，进而提升对农村低收入家庭的帮扶效果。下面通过 OLS 回归方程和倾向性得分匹配法来量化派驻主体行政层级在农村低收入家庭收入增加方面的帮扶效果。表 4-6 为省级、市级、县级派驻乡村第一书记对农村低收入家庭增收的估计结果。

表4-6　　　省市县派驻乡村第一书记对农村低收入家庭增收的估计结果

变量	系数	标准差
psec	0.063 ***	0.011
msec	0.183 ***	0.033
csec	0.041 ***	0.011
lnx	0.216 ***	0.014
age	− 0.009 ***	0.002
age^2	0.000 ***	0
xingbie	0.009	0.009
edu	0	0.002
h_1	− 0.075 ***	0.013
h_2	− 0.037 ***	0.009
h_3	− 0.060 **	0.026
$tplx_1$	− 0.120 ***	0.01
$tplx_2$	− 0.191 ***	0.04
lx_1	0.014	0.009
lx_2	0.132 ***	0.042
family	0.001	0.004
_cons	7.244 ***	0.128
$A - R^2$	0.202	
样本量	6544	

注：***、**、*分别表示在1%、5%、10%水平上显著。

　　表4-6显示省市县三级行政主体派驻乡村第一书记对农村低收入家庭增收带来的效果分别是6.3%、18.3%、4.1%，在统计上都是1%的显著性，其中，市级派驻行政主体显示出更加不错的效果。为了解决选择偏差的问题，又用倾向性得分匹配法回归，结果如表4-7所示，市级派驻行政主体达到12.5%的结果，高于省派和县派乡村第一书记的9.5%、5.1%。

表 4 - 7   派驻主体行政层级的扶贫效果 ATT 估计结果

派驻主体行政层级	处理组的平均处理效应 ATT	标准差	T 值
省派驻乡村第一书记村	0.095	0.021	4.56
市派驻乡村第一书记村	0.125	0.058	2.16
县派驻乡村第一书记村	0.051	0.015	3.45

二、乡村第一书记派驻主体行政层级的（PSM - DID）结果

在精准扶贫实践中，农村低收入家庭收入的增加不仅受到乡村第一书记的影响，还受到其他因素即不可测变量的影响。因此，使用双重差分 PSM 控制不可观测但不随时间变化的组间差异。对于两期数据，记实验前的时期为 t'，实验后的时期为 t，在时期 t'，实验还未发生，所有个体的潜在结果均记为 $y_{0t'}$，在时期 t，实验已经发生，故可能有两种潜在结果，分别记为 y_{1t}（如果参与实验即在派驻乡村第一书记村）与 y_{ot}（如果未参与实验即不在乡村第一书记村）。双重差分 PSM 成立的前提为以下均值可忽略性假定：

$$E(y_{ot} - y_{0t'} \mid x, D = 1) = E(y_{ot} - y_{0t'} \mid x, D = 0) \qquad (4-3)$$

假定成立，则可一致地估计 ATT：

$$\widehat{ATT} = \frac{1}{N_1} \sum_{i:i \in I_1 \cap S_p} \left[(y_{1ti} - y_{0t'i}) - \sum_{j:j \in I_0 \cap S_p} \omega(i, j)(y_{0tj} - y_{0t'j}) \right]$$

$$(4-4)$$

其中，S_p 为共同取值范围的集合；$I_1 = \{i: D_i = 1\}$，$I_0 = \{i: D_i = 0\}$；N_1 为集体 $I_1 \cap S_p$ 所包含的处理组个体数；$\omega(i, j)$ 为对应于配对 (i, j) 的权重，它是通过核匹配的方法来确定。表 4 - 8 为双重差分倾向得分匹配回归结果。

从表 4 - 8 估计结果看，派驻乡村第一书记对收入增加的效果是 4.1%，比表 4 - 5 的结果明显要小，排除了不可测因素的影响，更加符合实际情况。省级、市级派驻乡村第一书记对增收的效果为正，市级派驻结果为 36.8%，大于省级的 6.6%，县区级派驻对农村低收入家庭收入增加效果为 -5%，在 1% 的水平上统计显著。市级派乡村第一书记对农村低收入家庭增收的影响在三级派驻中影响效果最大，一方面，市级派驻乡村第一书记离贫困群众的行政层级距离介于省级和县区级之间，对农村了解的平均程度比省级要高，比县区

表4-8　　　　　　　　　双重差分倾向得分匹配回归结果

		匹配前		匹配后		双重差分结果
		处理组	对照组	处理组	对照组	
fsec	lny	8.316	8.201	8.579	8.422	
		0.115*** (0.007)		0.156*** (0.007)		0.041*** (0.010)
Pseudo R²		0.287				
样本量		13058				
psec	lny	8.309	8.282	8.592	8.5	
		0.027*** (0.007)		0.092*** (0.012)		0.066*** (0.014)
Pseudo R²		0.171				
样本量		11633				
msec	lny	8.431	8.563	8.872	8.637	
		-0.133*** (0.029)		0.236*** (0.025)		0.368*** (0.038)
Pseudo R²		0.176				
样本量		1308				
csec	lny	8.321	8.292	8.542	8.563	
		0.028*** (0.008)		-0.022*** (0.007)		-0.05*** (0.011)
Pseudo R²		0.077				
样本量		13048				

注：***、**、*分别表示在1%、5%、10%水平上显著；圆括号内为标准差。

级要低；另一方面，市级派驻乡村第一书记在配置资源上也是介于其他两者之间。两方面因素的整合，使得市级派驻乡村第一书记对贫困人群增收效果影响最好。县区级派驻乡村第一书记帮扶结果与前面的结果大相径庭，对收入影响为负，县区级配置资源较少是一个比较重要的因素，县区级派驻乡村第一书记的工作重心根据政策要求偏向于其他方面，比如村委班子建设、村居基础设施建设等，但这并不是否定县区级派驻乡村第一书记扶贫的工作成绩，扶贫效率需要从多角度认证。

三、研究结论与现实意义

从是否派驻乡村第一书记对农村低收入家庭增收的影响来研究政策帮扶的效率，主要有以下几个研究结论：①本书涉及的全样本中派驻乡村第一书记村的比例高达30%，在某一基层乡镇甚至达到2/3的比例，这对于增收影响程度的测度，具有重要的现实意义；②派驻乡村第一书记确实能给农村低收入家庭带来收入的增加，从对增收的影响程度来衡量，派驻乡村第一书记村的农村低收入家庭增收影响比未派驻乡村第一书记村的增收影响高5.7%左右，在控制选择偏差问题后，高出9%左右；通过对数据进一步分析，根据派驻主体行政层级来量化，至少高出4%，说明了派驻乡村第一书记对提高帮扶效率的重要性；③派驻主体的行政层级越高对农村低收入家庭的帮扶更有效，这个结论不具有普遍性。在增收角度看，市级派驻乡村第一书记的帮扶效果是36.8%，高于省级和县级，因此不能一概而论。县区级派驻乡村第一书记的帮扶效果为负，说明县区级派驻乡村第一书记对农村低收入家庭平均收入增加效果不好，可能在村庄基础设施建设、村集体班子建设等方面有较好的帮扶效果；④农村低收入家庭的家庭特征在增收中没有发挥很好的作用，比如家庭人口、受教育程度不显著，对收入增加也不显著。需要乡村第一书记发挥作用，更好地引导低收入家庭共同富裕；⑤乡村第一书记的个体异质性仅考虑了派驻层级，没有涉及更具体的职务层级、部门属性等因素，农村低收入家庭收入增长也涉及很多方面原因，在下一步研究中要进行更细致的分析。

本章的研究结论具有重要的现实政策含义。

第一，派驻乡村第一书记作为干部驻村给村庄带来了显著的影响。实证分析表明，派驻乡村第一书记确实能够有效提高农村低收入家庭收入，对帮扶效率起着积极的重要影响。因此，应该大力鼓励更多的乡村第一书记走到基层一线，指导农村低收入家庭增收；对县区级派驻乡村第一书记应注意干部人员选择，提高对农村低收入家庭的帮扶效率。

第二，应该根据前期精准识别的农村低收入家庭信息，使农村低收入家庭的个体特征在共同富裕过程中能够发挥作用，激发农村低收入家庭内生发展动力。乡村第一书记要深入了解村庄和农村低收入家庭情况，制定精准措施，避免资源使用浪费和分配不公，千方百计防止出现投入资源被"精英捕获"的偏离现象。尤其关注具有劳动能力的农村低收入家庭，实施发展生产、提供就业机会等维持其可持续生计的发展型帮扶措施，避免实施单纯性、阶段性的现金直接支持，通过给予农村低收入家庭可持续性的收入来源和帮扶生计手段，做到不返贫，根据精准识别数据，做好福利脱贫，不让一个贫困群众落下。

第三，注重对村庄内源力量挖掘培养。派驻乡村第一书记是新形势下农村发展的新力量，要与农村低收入人群密切互动，在促进村庄内源发展上具有制度优势。一方面，驻村干部要融入乡村社会，与群众建立良好的关系，有效整合村庄力量，进行村内基础设施改造和公共服务的提升，营造良好的乡村生活和创业的环境，打造集体产业和农户包括农村低收入家庭的个人产业项目，共同推进村落的经济社会的全面发展；另一方面，要积极发掘和培育贫困村治理"能人"，培育村庄"精英"并推动社区组织化，制定促进村庄内源发展的措施，确保乡村第一书记离任后，农村低收入家庭脱贫依然稳固，村庄能够持续健康发展。这也是实现共同富裕的要求。因此，派驻乡村第一书记责任重大，在短短的帮扶期间既要因地制宜实施帮扶政策，比如在产业帮扶上引进项目，做大集体经济，又要培养对村庄内源发展有利的各种因素，保障帮扶村的可持续发展，保障帮扶政策在现在和未来起到正向效应等。

第五章

财政投入对农村低收入家庭收入增加的效应研究

　　财政政策在政府主导的脱贫攻坚中发挥了重要作用，有效缓解了贫困状况，提高了贫困人群的生活水平。在相对贫困和乡村振兴的有效衔接中，财政政策继续发挥作用。精确扶贫时期所需资金主要来自财政转移支付、财政扶贫资金、金融扶贫资金和社会扶贫资金。财政转移支付是政府惠民支出，包括新型农村社会养老保险（新农保）和农村低保补贴等；剩下的三项资金和市场相融产生了经济效益和社会效益，其中的一部分收益分配给农村低收入家庭。金融扶贫资金是主体，财政扶贫资金是基础，社会扶贫资金是补充。在脱贫攻坚实践中，财政扶贫是金融扶贫的基础，带动和引导了大量的金融扶贫资金；同时，财政专项扶贫资金在改善贫困地区基础设施和加强教育、医疗等基本公共服务建设方面也发挥了重要作用。在公共服务建设的同时，还进入产业领域，进行开发式扶贫，增加了农村低收入家庭的收入。这些投入产生的影响在相对贫困时期依然在发挥作用，分析其影响程度是题中应有之义。

　　本章内容主要包括两个方面，一方面，基于财政专项扶贫资金的使用用途，运用有序 Logit 模型和倾向性得分匹配法（PSM），评估财政转移支付和财政专项扶贫资金对农村低收入家庭收入的影响。另一方面，财政专项扶贫资金是中央政府和各级地方政府的扶贫投入，其使用表现在产业项目和金融信贷扶持。本章具体评估了新农保和低保、产业项目收益分配和金融信贷收益分配对农村低收入家庭收入增加的效应。

第一节 产业收益对农村低收入家庭的收入增加效应

随着脱贫攻坚任务的如期完成，以习近平同志为核心的党中央就"三农"工作进行了新的战略谋划：脱贫摘帽不是终点，而是新生活、新奋斗的起点。要针对主要矛盾的变化，理清工作思路，推动减贫战略和工作体系平稳转型，统筹纳入乡村振兴战略，建立长短结合、标本兼治的体制机制。

由此，必须充分认识实现巩固拓展脱贫攻坚成果同乡村振兴有效衔接的重要性、紧迫性，统筹安排、强力推进。具体来看，促进二者有效衔接，需要探索"产业——机制——政策"。

一、标准福利主义视角下的收入分配评价

财政专项资金投入有的建立了新项目，有的投入到企业，通过市场产生了经济效益，并部分分配给农村低收入家庭。对于这种分配的经济理论，只有在既定的社会福利标准下，才能探讨社会最优的收入不平等程度。赵志君（2011）指出，撇开社会偏好和最优收入分布形态去讨论基尼系数的最佳值，其实际意义不大。因此用罗尔斯主义社会福利函数来看政府扶贫，从效用函数的定义可知，定义在收入分配空间 X 上所有可能的效用函数取值即为整个非负实数空间 R_+。可设柏格森—萨缪尔森社会福利函数 w：$R_+ \rightarrow R_+$，即从个体效用组合的取值空间对应到社会效用取值空间的函数。欧阳葵和王国成（2014）认为在帕累托无差异准则下，阿罗不可能定理引起的社会福利函数与柏格森—萨缪尔森社会福利函数存在着非常密切的联系；或者说，在一定的条件下，可以证明二者是等价的。以下简单介绍帕累托无差异准则、标准福利主义和罗尔斯主义社会福利函数。

（1）帕累托（Pareto）无差异准则：

$\forall u \in U(X)^n$，$\forall a$，$b \in X$，若 $\forall i \in N$，$u_i(a) = u_i(b)$，则 $W_u(a) = W_u(b)$

也就是说，若所有人认为收入分配 a 与 b 无差异，则社会应当认为 a 与 b 无差异。

（2）标准福利主义（Sen, 1970；D'Aspremout & Gevers, 1977, 2002）：

一个社会福利泛函数 W：U(X)^n→U(X) 满足不相关选择的独立性和帕累托无差异准则，当且仅当存在一个柏格森—萨缪尔森社会福利函数 w：R^N_+→R，使得 ∀a，b∈X，∀p，q∈R^n_+，∀u∈U(X)^n：若 u(a)=p 且 u(b)=q，则 w(p)≥w(q) 当且仅当 $W_u(a)$≥$W_u(b)$。

（3）罗尔斯主义社会福利函数满足标准福利主义：

∀p，q∈R^n_+，w(p)≥w(q) 当且仅当 $Min_{i∈N}\{p_i\}$≥$Min_{i∈N}\{q_i\}$

罗尔斯主义认为社会福利取决于处境最差者的个体效用水平，图 5-1 表示罗尔斯主义社会福利，在只考虑有 p 和 q 的情况下，当 W=min(q，p) 时，福利水平是一条 L 型的曲线，垂直线段上点 p 的运动表示此时的社会福利水平，其取决于 q 的最低效用，p 的向上无限平移并不能使总效用增加；水平线段上点 q 的运动表示此时的社会福利水平取决于 p 的最低效用，在 p 的最低水平上，q 的向右无限平移并不能使总效用增加。社会福利水平最大化的分配点处于 L 型的直角点。

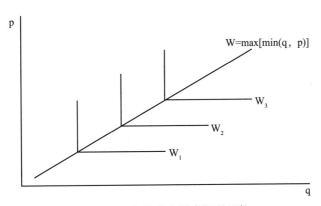

图 5-1 罗尔斯主义社会福利函数

该函数的经济学意义在于，社会中最低效用水平的个体或群体决定着整个社会的福利水平，社会福利最大化标准应该是使境况最糟的人的效用最大化。使社会中最贫困的人群和最落后的地区实现效用最大化，才能实现社会福利最大化，成为政府扶贫的理论支撑和方向。

二、财政专项资金投入通过产业项目落地实施

(一) 产业项目实施的必要性和广泛性

本章关注的是基于经济增长和收入分配带来的农村低收入家庭收入增加，围绕着财政专项资金投入的实施方式、增收效应、确权分配、存在不足展开讨论，论述财政专项资金投入的增收效果。一方面，通过道路硬化、饮水安全和基层服务大厅等农村基建投资，使得贫困地区的物质资本水平得到进一步提高。另一方面，在实际工作中，财政专项资金投入依托于产业项目直接作用于低收入群体。[①] 为了保证产业项目资金的落地，国家专门出台了扶贫资金使用的指导意见，通过提高贫困村的资本投入，增加贫困地区的资本财富，低收入人群也因此增加了相应的资产分配，形成对社会资源和要素的再配置，进而拉动社会投资和农民就业，扩大低收入人群获取收入的来源，增强获取收入的能力，实现收入的稳定可持续性增加。从长期来看，资产积累比资产的突然变化更容易帮助人们稳定增收。微观层面的家庭资产积累主要关注低收入家庭如何利用他们现有资源获取并保存资产。资产积累强调穷人自身可以拥有并保障资源带来稳定收入的方式，弥补了只有收入和消费的福利增收政策的缺陷。宏观层面的家庭资产积累是指通过国家政策帮助低收入家庭或个人积累资产，更确切地称为资产建设。所以从资产增收出发的理论来讲，国家财政投入并确权到村的资产和农村低收入家庭自身具有资产的保值、增值，对于稳定增收实现共同富裕非常重要。

财政专项资金投入的基建项目对贫困地区影响深远，对农村低收入家庭增收途径主要有三条：一是对满足某些条件的农村低收入家庭按照有关政策给予现金支持（如前所述的"雨露计划"），这部分比例相对较低；二是产业项目投入，三是金融信贷扶持（以"富民生产贷"[②]、"富民农户贷"[③] 为主）方面

---

① 见附录三，国务院扶贫办和财政部联合下发了完善扶贫资金项目公告公示制度的指导意见。

② 指金融机构向各类经营主体发放的，按每带动 1 名农村贫困人口给予 5 万元优惠利率贷款（指上浮比例不超过同期同档次基准利率的 30%）、财政年贴息 3%，以带动农村贫困人口实现稳定就业或稳定劳务或稳定增收为目的各类贷款产品。

③ 指金融机构向有劳动能力、有致富愿望、有生产经营项目、有信贷需求的建档立卡农村低收入家庭，发放的 5 万元以下、1 年期、免抵押、免担保、基准利率、财政全额贴息，以加快农村贫困人口增收脱贫为目的各类贷款产品。

的贴息、风险补偿金等。那么，财政专项资金投入通过产业项目对低收入人群的收入增加效应达到怎样的程度呢？以项目为承载的产业对农村低收入家庭增收程度的影响如何？这些是非常值得关注的问题。产业项目运行发展良好，对农村低收入家庭是一项很好的帮扶措施。产业建设是一种重要帮扶措施，虽然每个地方的建设产业类型可能不同，但是产业建设在实践中具有广泛性，从农村低收入家庭的收入来源可以发现，产业项目带来的增收效果非常明显。可以说，L 市的乡镇都建有产业项目，没有产业项目的基层扶持是言之无物的。那么，产业项目对农村低收入家庭增收程度会有多大效应，是否值得投入大量的成本发展，值得深入探究。依据一个重点镇（cw 镇）的数据，量化产业项目的增收程度，是本章考虑的主要问题。由于该镇的经济、社会发展水平基本处于所在县的平均水平，所以可以代表该县的低收入家庭增收的进展状况。

（二）产业项目的稳定增收实践分类

产业项目在实践中有三种模式，体现了通过产业项目建设助推低收入家庭增收的三种不同作用机理。一是支持各类经营主体发展从而带动低收入家庭增收的做法，称为产业发展带动扶持模式。发展经济学认为，经济增长存在"涓滴效应"，其增长的收益会自动扩散到社会的各个角落。产业发展带动扶持模式是通过支持贫困地区产业发展，带动区域经济发展，从而帮助低收入家庭增收。背后的逻辑是，企业的发展壮大有可能会通过增加就业、扩大对农产品原材料的需求、平缓农户农产品市场风险等作用机理，促进低收入家庭的收入增长，带动其逐步走出贫困，实现共同富裕。二是直接支持有需要的低收入家庭发展生产活动，称为瞄准型产业帮扶模式。通过支持低收入家庭发展生产活动的做法，提升农村低收入家庭生产经营能力和市场参与能力来增加收入，使农村低收入家庭自身逐步具备走出贫困的能力，体现的正是产业帮扶实现共同富裕的思路。三是利用产业专项资金投入开展资产收益分配的帮扶做法，称为救济式产业帮扶模式。与直接支持低收入家庭发展生产活动的做法相同，利用产业资金开展资产收益帮扶，其直接对象也是建档立卡农村低收入家庭。但利用产业资金开展资产收益分配帮扶不强调低收入家庭的产业参与，只强调了农村低收入家庭的政策收益权，农村低收入家庭在这一过程中无须参与生产经营活动。也就是说，在利用产业帮扶资金开展资产收益分配扶贫过程中，农村低收入家庭相当于获得了一笔稳定的救济性收入。

（三）农村低收入家庭数据和变量分析

以 L 市下辖扶贫重点县——L 县的一个典型乡镇 cw 镇为例，探讨产业项目收益对农村低收入家庭脱贫的收入影响程度。产业项目收益分配，是产业扶贫项目的利润以约定的比例返还给帮扶农村低收入家庭的部分，各村村集体通过民主评议会决策，符合条件的农村低收入家庭可以按照贫困程度得到不同数额的收益分配[①]。L 县农业发展状况较好，2017 年有 20078 户农村低收入家庭，共计 34689 人贫困人口，占总人口的比例为 2.5%。所选的典型镇是资源性的农业镇，建档立卡贫困人口有 2549 人，占总人口比例为 7.5%，贫困率高于全县平均水平，是典型的贫困重点镇。由于数据缺失等原因，实证分析中有 1608 户、共 2438 人，分布在该镇 58 个村中的 56 个村。2018 年农村低收入家庭调整后涉及 1376 户，其中有 1099 户的农村低收入家庭是两年追踪数据。截至 2018 年在精准扶贫过程中，投入该镇的中央、省、市、县四级扶贫专项资金，共计 1084.5 万元。[②] 姜长云等（2018）全面介绍了贵州省六盘水市推进乡村"三变"改革的实践，有"一变"是资金变股金，在不改变资金使用性质和用途的前提下，把各级财政投入农村的发展类、扶持类、扶贫类、生态治理类资金（补贴类、救济类、应急类资金除外），集中投入各类农业经营主体或效益好的经营项目中，量化为村集体或村民的股金，让村集体或村民享有股份权利。本章所选典型镇的做法是两类项目，一类是扶贫专项资金项目，另一类是涉农资金整合项目，两类项目的扶贫专项资金全部量化为贫困村集体资产，在农村低收入家庭脱贫期间，项目资金收益发放给农村低收入家庭，待农村低收入家庭整体脱贫后，再惠及全体村民。

精准扶贫过程中，扶贫专项资金所参与的产业项目有两大类。一是根据当地资源禀赋条件和市场销量，县、镇、村直接兴办或者引进优势产业项目，获得项目经营收益。二是入股效益稳定的经营项目，直接获取投资收益。好的产业项目，可以给农村低收入家庭带来分配收益、工资收入、经营性收入、财产性收入，这里关注的是项目分配收益对脱贫的影响。

被解释变量是农村低收入家庭的增收稳固程度，作为农村低收入家庭脱贫

[①] 民主评议会是村集体组织村内的党员、群众代表、镇村扶贫工作人员召开的扶贫议题会，产业项目收益分配是会议的一项重要内容。

[②] 数据来自 L 县的精准扶贫资料。

程度的一个评价指标。通过对该典型镇的农村低收入家庭的情况进行分析，收入状况是农村低收入家庭教育、健康等个体状况的外在反映，收入达到稳固程度，显示出扶贫的效率。所以，稳固程度是从收入维度定义，可以表示为扶贫政策前后的收入增长率、收入对数值等多种方式，通过增收稳固程度研究农村低收入家庭在扶贫政策实施中的内生脱贫能动性。本章根据扶贫工作实际，结合当地情况，以农村低收入家庭的可支配收入建立增收稳固程度变量，从低到高分为非常不稳固、不稳固、一般稳固、稳固、非常稳固五个标准。每一阶段的稳固程度来自工作中的经验划分，非常稳固和非常不稳固两个阶段划分依据当地人均消费支出和脱贫收入标准，中间三个阶段是扶贫工作的日常经验。2017 年当地农民的人均消费支出为 8024 元，收入超过这个指标的，脱贫属于非常稳固程度；人均收入大于 6000 元的属于稳固程度。收入范围在 4000 ~ 6000 元的是不稳固和一般稳固程度，还有一部分农村低收入家庭收入小于 3959 元，当地的脱贫标准是 3730 元，所以低于 3959 元认为是非常不稳固程度。划分后，非常不稳固的农村低收入家庭是扶贫工作中难度最大、最需要加强力量的范围。表 5-1 是农村低收入家庭 2017 年和 2018 年的增收稳固程度分组。

表 5-1　2017 年和 2018 年该典型镇农村低收入家庭增收稳固程度分组

增收稳固程度	2017 年人口比例（%）	2018 年人口比例（%）	各组收入均值（元）
非常不稳固	23.74	2.09	(0, 3959)
不稳固	45.25	9.83	(3960, 4900)
一般稳固	15.85	53.32	(4910, 5995)
稳固	11.25	28.03	(6000, 7960)
非常稳固	3.92	6.73	(8073.33, 23530)

表 5-1 中 2017 年各阶段人口比例分别为 23.74%、45.25%、15.85%、11.25%、3.92%，2018 年非常不稳固程度和不稳固程度的人口比例大幅减少，一般稳固、稳固和非常稳固程度的人口比例大幅增加，可以看出农村低收入家庭脱贫情况在逐渐地向更稳固程度迈进。

研究问题的核心自变量是产业项目收益分配，2017 年该镇有 1000 户农村低收入家庭接受项目收益，样本中另外 608 户没有分配到项目收益。其中，

1099 户的农村低收入家庭在 2018 年也有数据。

表 5 - 2 是主要变量的描述性统计,数据来自国家扶贫开发信息系统内建档立卡农村低收入家庭和村镇扶贫人员走访调研统计数据。产业项目收益分配的平均值为 645.58 元,最大值为 3300 元,低保收入均值为 3179.99 元,低保对于农村低收入家庭的增收意义重大。控制变量中,家族人口规模是每户1.603 人,平均年龄达到了 71.71 岁,说明在该镇甚至县内农村低收入家庭户主中老人居多,即使有孩子,也分户独居。户主受教育程度不高,大都在3.157 年。身体状况中,接近 90% 为残疾或有疾病困扰,因病致贫、因病返贫是扶贫中需要重点关注的问题。脱贫(享受政策)、脱贫(不享受政策)、未脱贫是国家扶贫信息系统内的分类,脱贫(享受政策)的农村低收入家庭说明脱贫程度不稳固,各项扶贫政策的措施仍然要惠及,脱贫(不享受政策)的农村低收入家庭增收稳固程度达到不需要政策惠及,属于稳定脱贫户。从农村低收入家庭的个体特征可以看出,随着扶贫工作的深入开展,脱贫(不享受政策)的农村低收入家庭稳定脱贫后,脱贫工作进入关键期,需要帮扶的农村低收入家庭的贫困程度更深,自主脱贫能力更弱,对农村低收入家庭精准识别需要更加细致,尽力做到精准扶贫措施到位。

表 5 - 2 农村低收入家庭样本的变量描述性统计

变量名	变量说明	均值	标准差值	最小值	最大值
2017 年人均可支配收入	连续变量(元)	4879.698	1687.897	0	23530
2018 年人均可支配收入	连续变量(元)	5940.73	1832.67	0	20800
增收稳固程度	离散变量	2.279	1.062	1	5
低保转移收入	离散变量(元)	3179.988	1510.177	660	10500
产业项目收益分配	离散变量(元)	645.581	884.939	0	3300
控制变量	变量说明	均值	标准差值	最小值	最大值
家庭人口	离散变量(人/户)	1.603	0.836	1	7
年龄	离散变量	71.710	14.190	9	97
性别	男 = 1,女 = 0	0.569	0.495	0	1
受教育年限	年	3.157	2.421	1	13
残疾	虚拟变量	0.183	0.387	0	1

控制变量	变量说明	均值	标准差值	最小值	最大值
长期慢性病	虚拟变量	0.596	0.491	0	1
患有大病	虚拟变量	0.115	0.319	0	1
脱贫（享受政策）	虚拟变量	0.876	0.330	0	1
未脱贫	虚拟变量	0.021	0.142	0	1
低保户	虚拟变量	0.507	0.500	0	1
五保户	虚拟变量	0.035	0.183	0	1
第一书记村	虚拟变量	0.326	0.469	0	1

注：变量以户为单位，样本个体特征是户主状况，其中健康状况变量的基础类是健康，脱贫类型变量的基础类是脱贫（不享受政策），农村低收入家庭特征变量的基础类是一般农户，和全国扶贫开发信息系统内数据一致。

三、模型设定与实证结果

实证模型设计分两步，因为增收稳固程度有着天然的排序，假设扰动项服从逻辑分布，所以使用有序 Logit 模型估计。第一步是利用有序 Logit 模型考察产业项目收益对脱贫不同的稳固程度的影响；第二步，为了更好地解决样本选择性偏差的问题，用倾向得分匹配法（PSM）削除组间的干扰因素，得到更真实的项目收益对农村低收入家庭脱贫的影响。

（一）有序 Logit 模型估计

假设 $y^* = x'\beta + \varepsilon$（$y^*$ 不可观测）使得

$$y = \begin{cases} 1, & y^* \leqslant r_1 \\ 2, & r_1 < y^* \leqslant r_2 \\ \cdots\cdots \\ J, & r_J \leqslant y^* \end{cases} \quad \text{其中，} r_1 < r_2 < \cdots < r_J \qquad (5-1)$$

为切点，估计结果如表 5-3 所示。

表 5 – 3　　　　接受项目收益分配的农村低收入家庭的有序 **Logit** 回归结果

变量	全样本农村低收入家庭		年龄 60 岁以上农村低收入家庭		年龄小于 60 岁农村低收入家庭	
	系数	标准差	系数	标准差	系数	标准差
产业项目收益分配对数值	0.544 ***	0.059	0.654 ***	0.066	0.17	0.144
家庭人口	− 0.441 ***	0.074	− 0.477 **	0.102	− 0.335 ***	0.119
年龄	0.033	0.023	− 0.231	0.198	0.061	0.076
年龄的平方	− 0 *	0	− 0	0.00	− 0.001	0.001
性别	0.119	0.113	− 0.107	0.129	0.091	0.28
受教育年限	0.008	0.022	0.02	0.025	− 0.016	0.048
残疾	− 0.270	0.213	− 0.006	0.259	− 0.931 **	0.388
长期慢性病	− 0.171	0.174	0.069	0.206	− 0.668 **	0.333
患有大病	0.047	0.224	0.129	0.26	− 0.284	0.52
脱贫（享受政策）	− 0.608	0.657	− 1.319 *	0.789	0.217	1.18
未脱贫	− 2.329 ***	0.752	− 2.7 ***	0.91	− 1.765	1.331
低保户	0.919 ***	0.112	1.069 ***	0.126	0.262	0.266
五保户	1.187 ***	0.218	1.333 ***	0.234	0.503	1.109
第一书记村	− 0.291 ***	0.111	− 0.314 **	0.124	− 0.224	0.282
Pseudo R^2	0.1531		0.1970		0.057	
最大似然估计	− 1764.35		− 1403.868		− 310.65	
样本数	1397		1175		222	

注：*** 、 ** 、 * 分别表示在 1% 、 5% 、 10% 的水平上显著。

估计样本范围为全体样本、分组样本，分别对年龄在 60 岁及以上和 60 岁以下的样本进行估计核心变量项目收益分配的显著性程度。这样做的目的是检验是否存在年龄异质性，更清楚地分析项目收益在精准扶贫中发挥的作用，2020 年后扶贫进入相对贫困状态时，为项目收益在农村低收入家庭中如何分配更具有效率提供依据。在全样本和年龄大于 60 岁样本中通过 1% 的显著性水平检验，影响为正向，年龄小于 60 岁样本没有通过显著性检验，因此在分配时较多注重大年龄样本更能提高增收稳固效率。三个样本中，只有在 60 岁以上样本中，年龄在 1% 的显著性水平下正向影响，应该优先考虑户主年龄较大的农村低收入家庭，因为他们的自主脱贫能力相对较弱。家庭人口数量对稳固程度是负向影响，人口数量多的农村低收入家庭，人员的劳动能力和水平在农村低收入家庭中是较低的。在户主年龄小于 60 岁的样本中，残疾和慢性病状况都具有 5% 的显著性负向影响，因病贫困的农村低收入家庭脱贫更加困难。农村低收入家庭的种类也很显著，低保户、五保户有国家转移支付收入的支持，所以对脱贫显著正向影响，年龄小于 60 岁的样本中，低保户和五保户数量少，所以对脱贫影响不显著。是否派驻第一书记村该变量对脱贫显示为负向影响，这个问题在第四章已经做过专门探讨，在派驻主体行政层级中，县级派驻乡村第一书记对农村低收入家庭增收影响是负向的，该镇的县级派驻乡村第一书记村数量较多，所以出现这种情况，当然不能否认他们在扶贫其他方面做出的成绩。其他控制变量如户主性别和教育年限不显著。

（二）倾向性得分匹配法估计

农村低收入家庭是否获得项目收益是一个随机行为或随机的分配结果，但是在实际中，项目收益分配要受到农村低收入家庭所在村整体发展状况、个体家庭特征、村民衍生的社会关系等因素影响，因此，获得项目收益并非纯粹的外生变量，而是一个内生虚拟变量，用 OLS 或者有序 Logit 模型实证分析获得项目收益行为对农村低收入家庭增收稳固程度影响就会导致估计结果不一致。本章使用倾向性得分匹配法（PSM）对这种选择偏差加以修正，该方法最早由罗森鲍姆和鲁宾（Rosenbaum & Rubin，1983）提出。

首先，根据倾向性得分匹配法的步骤，第一步是计算农村低收入家庭个体影响获得项目收益分配的倾向性得分，运用非参数估计（Logit 模型）来计算倾向性得分（Dehejia et al.，2002；Becker et al.，2002）：

本章采用逻辑分布（logistic distribution）的累积分布函数计算倾向性得分，公式如下：

$$P(x_i) = P(D_i = 1 \mid x_i) = F(x_i, \beta) = \Lambda(x_i'\beta) = \frac{\exp(x_i'\beta)}{1 + \exp(x_i'\beta)} \quad (5-2)$$

其中，$P(x_i)$ 为第 i 个农村低收入家庭获得项目收益的条件概率；$D_i = 1$ 表示农村低收入家庭获得项目收益；$D_i = 0$ 表示农村低收入家庭未获得项目收益；β 为待估系数；x_i 表示可观测到的农村低收入家庭特征（协变量），包括农村低收入家庭的性别、年龄、受教育程度、健康状况、农村低收入家庭种类、家庭人口数等。将 Logit 模型获得的概率预测值作为农村低收入家庭个体影响收益分配的倾向性得分。

通过农村低收入家庭是否获得项目收益分配，对控制变量进行 Logit 回归，获得倾向性得分值。农村低收入家庭获得项目收益的 Logit 模型估计结果如表 5-4 所示。

表 5-4 　　　　　　农村低收入家庭获得项目收益的 **Logit** 估计结果

变量	系数	标准差	平均边际效应
家庭人口	0.007	0.064	0.001
年龄	0.01	0.02	0.002
年龄平方	-0.000	0.000	-0.000
性别	-0.08	0.096	-0.016
受教育年限	0.025	0.019	0.005
残疾	-0.006	0.188	-0.001
长期慢性病	0.092	0.143	0.019
患有大病	0.141	0.190	0.028
脱贫（享受政策）	4.062 ***	0.404	0.821
未脱贫	3.885 ***	0.534	0.785
低保户	-0.463 ***	0.092	-0.094
五保户	1.889 ***	0.350	0.382
第一书记村	0.312 ***	0.098	0.063
Pseudo R^2	0.153		
Loglikelihood	-1588.7688		
样本数	2707		

注：*** 、** 、* 分别表示在 1%、5%、10% 的水平上显著。

脱贫类型是根据农村低收入家庭的家庭状况划分，各村对农村低收入家庭是否享受扶贫政策进行民主评议，脱贫（享受政策）、未脱贫的农村低收入家庭会享受扶贫政策，脱贫类型对获得项目收益在 1% 的水平上正向显著；针对农村低收入家庭户主的身体状况，更多体现在健康扶贫方面，减少甚至免除农村低收入家庭的自付医疗费用，L县政府明确要求农村低收入家庭的医疗费用个人承担比例不超过10%，在乡镇级医院可以降低到5%以下，所以身体状况对获得项目收益不显著；低保户因为有国家的低保转移支付，项目收益分配决策会考虑其他农村低收入家庭，低保类型的农村低收入家庭对获得项目收益在1%水平负向显著；五保户没有劳动能力，转移支付、项目分配收益的收入都会向五保户倾斜，五保户对获得项目收益在1%的水平上正向显著，其他变量不显著。

　　为确保匹配质量，在获得农村低收入家庭属于接受项目收益分配的倾向得分之后，对其匹配的共同支撑区域进行分析。图5－2是农村低收入家庭倾向得分匹配前后的密度函数图，很显然，和匹配前概率分布比较，经过匹配后，接受项目收益分配的农村低收入家庭和控制组农村低收入家庭的倾向得分区间具有基本一致的重叠，这表明匹配效果较好，大多数观察值在共同取值范围内，满足倾向性得分匹配法所需要的平衡条件。

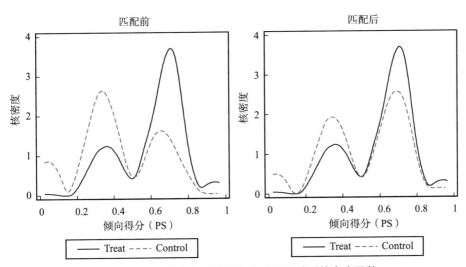

图5－2　农村低收入家庭倾向得分匹配前后的密度函数

　　表5－5是关于数据匹配前后变量平衡性检验结果，可以看出，使用5种方法匹配后，各种匹配方法显著降低了处理组和控制组间解释变量分布的差异，从而样本选择偏误较大降低。统计量LR Chi2的值在20左右，P值不超过1，满足所有变量无联合影响的假设条件，因而匹配后的数据满足联合平衡的

要求。指标 B（处理组与控制组倾向得分线性指数均值的标准差）的值如果小于 25，则所有协变量在整体上平衡，表 5 - 5 中样本数据指标 B 的值从匹配前的 94.5 下降到匹配后不超过 20。可以得出结论，总体上匹配后的数据满足平衡性要求。

表 5 - 5   农村低收入家庭样本的平衡检验

样本	Ps R^2	LR chi2	p > chi2	MeanBias	MedBias	B
未匹配前	0.152	569.21	0	14.4	8.4	94.5 *
K 近邻匹配	0.005	19.26	0.155	4.5	3	16.6
卡尺匹配	0.005	20.54	0.114	5.2	4.6	17.2
核匹配	0.006	22.63	0.067	5.4	5.2	18.1
样条匹配	0.004	16.82	0.266	3.4	2.3	15.6
偏差校正匹配	0.004	16.82	0.266	3.4	2.3	15.6

根据倾向性得分匹配后，处理组的平均处理效应（ATT）用下面公式表示如下：

$$ATT = E\{E[y_{1i} \mid D_i = 1, P(x_i)] - E[y_{i0} \mid D_i = 0, P(x_i)] \mid D_i = 1\}$$

$$(5 - 3)$$

其中，D_i 依据前面所述，为处理变量，取 1 时表示农村低收入家庭接受项目收益分配，取 0 时表示农村低收入家庭没有接受项目收益分配；y_{1i} 表示第 i 个个体在接受项目收益分配的增收稳固程度；y_{i0} 表示第 i 个农村低收入家庭未接受项目收益分配时的稳固程度。倾向性得分匹配法有很多种，包括最小近邻匹配法、卡尺匹配法和核匹配法、样条匹配、偏差校正匹配等，表 5 - 6 给出了这五种倾向性得分匹配法下的增收稳固程度估计结果，其平均处理效应结果相差不大，农村低收入家庭获得项目收益的增收稳固程度比未获得项目收益要高出 20%，而且都具有 1% 的显著性水平。K 近邻匹配结果最大为 24.6%，卡尺匹配估计结果最小为 22.9%，相差 1.7 个百分点。综合来看，产业扶贫对农村低收入家庭确实能够有效提高增收稳固程度，就收益分配方面幅度高达 20% 左右，显示出产业扶贫带来的良好效果，发展产业扶贫是一项重要的扶贫措施。

表 5 - 6 基于倾向性得分匹配法的 ATT 估计结果

匹配方法	处理组的平均处理效应 ATT	校准差	T 值
K 近邻匹配	0.246	0.054	4.54
卡尺匹配	0.229	0.05	4.57
核匹配	0.232	0.049	4.7
样条匹配	0.237	0.046	5.16
偏差校正匹配	0.234	0.048	4.85

四、研究结论与政策启示

通过有序 Logit 模型验证了产业项目扶贫收益分配对农村低收入家庭增收稳固程度为正向影响。按照年龄分组，户主年龄大于或等于 60 岁的农村低收入家庭样本影响程度和全样本类似，小于 60 岁的农村低收入家庭样本，获得项目收益的增收稳固程度为正向影响，但是不显著，说明项目收益分配倾斜于年龄较大、自主脱贫能力相对较弱的农村低收入家庭。为了解决样本选择的系统性偏差问题，进一步使用倾向性得分匹配法（PSM），发现农村低收入家庭获得项目收益的增收稳固程度比未获得项目收益高出 20% 左右，显示出产业项目收益分配的良好扶贫效果，国家投入的扶贫财政资金项目收益回报率为正。这也得益于产业项目的落地实施的一系列要求，[①] 每一步对应于不同的公告，公告贴在村两委办公室的公开栏，告知群众。但是也要看到扶贫产业在实践中有一些因为自然和市场风险导致投入亏损，产业发展也面临很多挑战。扶贫产业项目收益分配不能显示农村低收入家庭内生自主脱贫的能力，对增收稳固程度产生的平均效应的大小需要权衡。

第一，确立好产业扶贫与产业发展的关系。产业扶贫包含了产业和扶贫两个内容，"产业"是载体，目的是"扶贫"。为了更好地提高扶贫质量，产业需要发展好，要为农村低收入家庭以此得到"自力更生"的理想状态来确定产业规划。依据产业和扶贫的需要，将政府和市场两者有机结合起来，形成提高扶贫效率的强大合力。扶贫的效果很大程度上取决于产业发展的质量和效益，对产业项目进行可行性评估，适当平衡投资的收益和风险，同时鼓励微利

① 见附录四，项目实施公告。

的扶贫产业发展。

第二，要根据贫困地区的资源禀赋和市场容量，因地制宜地选择优势特色产业扶持。各贫困地区都有自身优势，依托其自然资源优势，发展各种类型的农业产业是很多地方在实施的项目。该典型镇所在的 L 县有蔬菜大棚种植的历史，现在是发展现代农业的全国典范，发展了高温蔬菜大棚、水果种植；再利用当地特色小吃，打造了"小吃一条街"；面向市区商业批发市场，建立扶贫车间进行来料加工等等。综合来看，农村低收入家庭的产业项目收益分配得到了保障。当然也要审慎发展产业项目，在自然风险和市场风险双重影响下，一些项目可能会出现投入产出失衡，甚至出现亏损。这需要总结原因，创新发展思路，促进扶贫产业健康可持续发展。

第三，注重增长与分配的辩证关系，建立与完善收益分配机制。经济增长并不是摆脱贫困的充分条件，只是必要条件。必须注重分配结构的优化，通过产业扶贫，除了项目收益分配以外，提高贫困群众的工资性收入、经营性收入、财产收入，达到益贫式增长扶贫的效果。财政扶贫专项资金投入项目要建立资产产权明晰、"企业（合作社、基地）+ 产权主体单位 + 农村低收入家庭"利益联结机制，双方签订劳动合同或增收协议，明确帮扶方式、帮扶期限、增收标准，有完善的收益分配方案等。依托产业发展构建长效增收机制，强化农村低收入家庭内生发展动力，形成脱贫致富的互促机制。在巩固脱贫成果的基础上，结合新时代发展特点，挖掘发展新潜力，在相对贫困阶段，减少农村低收入家庭和非农村低收入家庭的差距，努力实现农村低收入家庭脱贫并达到自力更生的良好扶贫状态。

第二节　金融信贷对农村低收入家庭的收入增加效应

一、金融信贷对农村低收入家庭增收的影响

现代经济体系下，农业发展和农民增收都需要金融支持，对于广大的农村贫困人口扶贫更离不开金融。金融通过支持产业发展促进经济增长，可以提高就业率，从而提高贫困人群的收入；而经济增长的"涓滴效应"和再分配又间接促进了贫困人群的增收脱贫。金融信贷扶贫对农村低收入家庭的精准脱贫

有着直接和间接的影响，扶贫工作中，对农村低收入家庭的收入分析也可以直观地发现金融对增收的作用。由于贫困人群和金融机构之间严重的信息不对称，贫困人群往往无法提供金融机构所需的资产抵押。信贷限制的存在使其难以获得生产发展所需的财政支持，这限制了贫困人群的投资和生产机会。因此，尽管贫困人群具有较高的边际投资效率，不完善的金融市场限制了贫困人群的初始禀赋，因此，金融排斥已成为持续收入不平等和贫困陷阱的重要原因。

国务院 2016 年发布《推进普惠金融发展规划（2016—2020 年）》目标是满足人民群众日益增长的金融服务需求，特别是要让小微企业、农民、城镇低收入人群、贫困人群和残疾人、老年人等及时获取价格合理、便捷安全的金融服务，使我国普惠金融发展水平居于国际中上游水平。发展普惠金融，服务精准扶贫，从范围上应该实现"小""中""大"三个扶贫层面的结合。从"小"的层面来看，金融扶贫是精准到户，扶贫资金使用要提高精准性，让其精准到达农村低收入家庭手中，严格避免使用过程中出现"寻租"和"跑""滴""漏"现象。精准扶贫过程中，对贫困人口本身素质的教育要非常重视，将扶贫资金与贫困人口自身脱贫意志相结合，通过贫困人口努力发展生产实现精准脱贫。除此之外，到户金融扶贫要根据农村低收入家庭需求，注重提供以信贷在内的多方面服务。从"中"的层面来看，金融扶贫作用于产业项目，由于生产项目进入门槛的存在，或者贫困人口不具备前期投入，或者局限于自身发展等多方面原因，很多贫困人口没有能找到自己的脱贫生产项目，从而这一作用没有得到很好发挥。很多贫困人口单独从事脱贫生产项目生产并分散经营，在市场上不具有规模效应，收益很难得到保障。从"大"的层面来看，贫困地区以基础设施为代表的硬件、以信用体系为代表的软件构成的整体发展环境的改善，虽然不能直接促进贫困人口增收，但间接对产业项目发展和贫困人口发展生产发挥着重要作用，对普惠金融服务精准扶贫的效果有直接影响。

二、农村低收入家庭的金融信贷路径

农村低收入家庭作为收入偏下的群体，其贷款面临着比一般农村家庭更烦琐的程序要求。在 L 市扶贫实践中，正规金融部门是各辖区内的农村信用社（农业商业银行），农村信用社承担了乡镇基层大部分业务，显示出在农村金融市场的强大作用，非正规金融部门选择了私人无息借款。当农村低收入家庭能够同时从正规和非正规渠道获得贷款时，把总借贷成本最小化作为农村低收入家庭的借贷行为选择原则，将信贷约束内化于借贷成本。令农村低收入家庭借贷的总成本为 C，农村低收入家庭所获得的正规金融贷款为 m_1，非正规金融贷款为 m_2，扶贫优惠贷款为 m_3。农村低收入家庭在不同融资渠道的贷款成本函数是不同的，假定农村低收入家庭在正规金融借贷的成本函数为 $C_1(m_1)$，非正规金融借贷的成本函数为 $C_2(m_2)$，扶贫优惠贷款的成本函数为 $C_3(m_3)$，三个成本函数均为递增函数。从借贷成本来看，扶贫优惠贷款实行政策支持原则，利率较正常金融贷款低，具有一定的时效性。由于信息不对称，农村低收入家庭信贷市场普遍存在信贷约束，各项贷款小于或等于融资渠道合意贷款供给量 s_i^*，因此各项贷款总和小于或等于合意贷款量 m^*。由上述分析可得：

$$MinC = C_1(m_1) + C_2(m_2) + C_3(m_3) \tag{5-4}$$

$$s.\,t. \quad m_1 + m_2 + m_3 \leqslant m^* \tag{5-5}$$

$0 \leqslant m_1 \leqslant s_1^*$，$0 \leqslant m_2 \leqslant s_2^*$，$0 \leqslant m_3 \leqslant s_3^*$，$C_1(m_1) > C_3(m_3)$，$C_2(m_2) > C_3(m_3)$

建立拉格朗日函数：

$$\begin{aligned} L = &C_1(m_1) + C_2(m_2) + C_3(m_3) + \lambda_1(m^* - m_1 - m_2 - m_3) + \lambda_2(s_1^* - m_1) \\ &+ \lambda_3(s_2^* - m_2) + \lambda_4(s_3^* - m_3) + \lambda_5[C_3(m_3) - C_1(m_1)] \\ &+ \lambda_6[C_3(m_3) - C_2(m_2)] \end{aligned} \tag{5-6}$$

根据库恩—塔克条件：

$$L_{m_1} = C_1'(m_1) - \lambda_1 - \lambda_2 - \lambda_5 C_1'(m_1) \geqslant 0, \quad m_1 \geqslant 0 \text{ 且 } m_1 L_{m_1} = 0 \tag{5-7}$$

$$L_{m_2} = C_2'(m_2) - \lambda_1 - \lambda_2 - \lambda_6 C_2'(m_2) \geqslant 0, \quad m_2 \geqslant 0 \text{ 且 } m_2 L_{m_2} = 0 \tag{5-8}$$

$$L_{m_3} = C_3'(m_3) - \lambda_1 - \lambda_4 + \lambda_5 C_3'(m_3) + \lambda_6 C_3'(m_3) \geqslant 0, \quad m_3 \geqslant 0 \text{ 且 } m_3 L_{m_3} = 0 \tag{5-9}$$

$$L_{\lambda_1} = m^* - m_1 - m_2 - m_3 \geqslant 0, \quad \lambda_1 \geqslant 0 \text{ 且 } \lambda_1 L_{\lambda_1} = 0 \tag{5-10}$$

$$L_{\lambda_2} = s_1^* - m_1 \geqslant 0, \quad \lambda_2 \geqslant 0 \text{ 且 } \lambda_2 L_{\lambda_2} = 0 \tag{5-11}$$

$$L_{\lambda_3} = s_2^* - m_2 \geqslant 0, \quad \lambda_3 \geqslant 0 \text{ 且 } \lambda_3 L_{\lambda_3} = 0 \tag{5-12}$$

$$L_{\lambda_4} = s_3^* - m_3 \geqslant 0, \quad \lambda_4 \geqslant 0 \text{ 且 } \lambda_4 L_{\lambda_4} = 0 \tag{5-13}$$

$$L_{\lambda_5} = C_3(m_3) - C_2(m_2) < 0, \quad \lambda_5 \geqslant 0 \text{ 且 } \lambda_5 L_{\lambda_5} = 0 \tag{5-14}$$

$$L_{\lambda_6} = C_3(m_3) - C_2(m_2) < 0, \quad \lambda_6 \geqslant 0 \text{ 且 } \lambda_6 L_{\lambda_6} = 0 \tag{5-15}$$

根据互补松弛原则，扶贫优惠贷款的借贷成本低于正规金融和非正规金融借贷，则 L_{λ_5}、L_{λ_6} 不等于 0，那么 $\lambda_5 = 0$，$\lambda_6 = 0$。由于存在信贷约束，农村低收入家庭的实际贷款量很难等于各信贷部门的合意贷款量，即 L_{λ_2}、L_{λ_3}、L_{λ_4} 均不等于 0，那么可得 $\lambda_2 = \lambda_3 = \lambda_4 = 0$。农村低收入家庭有信贷需求，$m_1$、$m_2$、$m_3$ 不可能同时等于 0，则 L_{m_1}、L_{m_2}、L_{m_3} 至少有一项等于 0，当某项 $L_{m_i} = 0$ 时，$C_i'(m_i) - \lambda_1 = 0$，$C_i'(m_i) > 0$，那么 $\lambda_1 \neq 0$。已知 $\lambda_1 L_1 = 0$ 则 $L_{\lambda_1} = 0$，$m^* = m_1 - m_2 - m_3$，这符合农村低收入家庭是追求利益最大化的理性人假设，农村低收入家庭会尽可能地获取到合意贷款量，使自己预期收益最大化。当 m_1、m_2、m_3 都不等于 0，则 $L_{m_1} = C_1'(m_1) - \lambda_1 = 0$，$L_{m_2} = C_2'(m_2) - \lambda_1 = 0$，$L_{m_3} = C_3'(m_3) - \lambda_1 = 0$，最后的均衡条件是 $C_1'(m_1) = C_2'(m_2) = C_3'(m_3)$，此时三种渠道的边际成本相等。当 m_1、m_2、m_3 其中一项等于 0 时，如受到正规金融的完全信贷配给，$m_1 = 0$，则 $L_{m_2} = C_2'(m_2) - \lambda_1 = 0$，$L_{m_3} = C_3'(m_3) - \lambda_1 = 0$，可得 $C_2'(m_2) = C_3'(m_3)$，均衡点同样位于边际成本相等的点。当 m_1、m_2、m_3 其中两项等于 0 时，不为 0 的那项等于 m^*，这种情况属于完全替代，无须再考虑边际成本。总体而言，农村低收入家庭选择不同融资渠道的贷款量取决于各渠道的边际成本，各渠道的边际成本相等的点为均衡点。假定 m_1、m_2、m_3 都不等于 0，从农村低收入家庭角度分析不同融资渠道之间的替代和互补关系。假设农村低收入家庭的非正规金融贷款以亲友无息贷款为主，其初始成本最低，扶贫优惠贷款的初始成本高于非正规金融，但低于正规金融。当农村低收入家庭享受帮扶政策进行正规金融渠道贷款时，根据达到均衡点时各渠道贷款的边际成本相同原则，在金融供给充足时，三者互补，在金融贷款量少时，存在着挤出替代关系。另外，非正规金融贷款所引发的人情成本伴随经济收入同步增长，当人情成本上升到一定程度时，农村低收入家庭会渐渐倾向于选择市场契约型贷款，而逐渐减少依靠关系建立的人情借贷。

对有脱贫能力的农村低收入家庭，L 市通过正规金融借贷和扶贫优惠贷款基本能满足资金需求。但是面对无法自主脱贫的贫困人群，如何发挥金融信贷扶贫作用，帮扶他们脱贫，是需要想办法完成的任务。"富民生产贷"是金融扶贫常见的方式，对于各类经营主体，每帮扶一名农村低收入家庭，就可以得到 5 万元的低息贷款。银行等金融机构按照贷款程序审核有贷款需求并愿意帮助农村低收入家庭的经营主体，乡镇扶贫办主要协助银行和经营主体收集贫困群众的信息，确立帮扶的农村低收入家庭，并督促经营主体与农村低收入家庭签订帮扶协议。县区负责监督协议实施、经营主体按时还款、及时贴息经营主体、风险补偿金的预留规划等等。因此"富民生产贷"集中了农村低收入家庭的贷款规模,① 当然,这项贷款的使用要有对应的公告告知,群众确保贷款给企业,企业受益,农村低收入家庭也受益。在金融供给充足时,不同的金融渠道贷款互补,显示出金融扶贫良好的效果。贷款、贴息、帮扶农村低收入家庭都有一整套程序实现收益最终到户。但要注意这种类型扶贫具有间接性,贫困人口在产业扶贫中容易被边缘化。政府对于打着"扶贫"旗号享受国家扶贫政策却不能真正开展扶贫的企业和项目应有所辨别,扶贫工作实践中,加强对扶贫企业在帮扶建档立卡农村低收入家庭方面的绩效考核,比如通过农村低收入家庭的银行账户流水来查看企业帮扶措施是否实现。

三、金融信贷中"富民生产贷"的增收模型建立

金融信贷扶贫研究区域为 L 市的 G 区与 J 区,它们有很多相同情况,都是实施特殊政策的开发区,目的是发展 L 市具有技术附加值的高新产业。经济发展情况较好,农村低收入家庭数量较少,扶贫任务相对较轻。图 5-3 是 G 区与 J 区的中央、省、市、县四级财政专项扶贫资金年度下拨数量,以及资金在产业扶贫和金融扶贫上的使用,在产业扶贫上两区都是投入了近千万的资金,2016 年和 2017 年 G 区企业得到放大金融信贷就达到 5000 多万元,对企业融资发挥了作用。

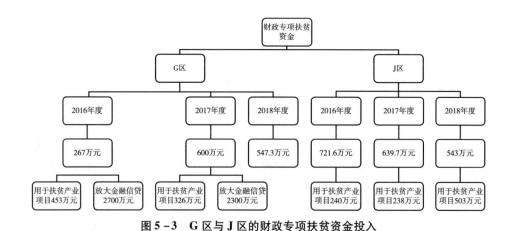

图 5-3　G 区与 J 区的财政专项扶贫资金投入

---

① 见附录五,"富民生产贷"的使用公告,公告贴在村两委办公室的公开栏。

（一）G 区的农村低收入家庭的个体特征

通过对 G 区贫困群众的收入分析，发现收入来源中，除了产业项目收益分配以外，金融信贷的"富民生产贷"收益分配占了一部分，而且分配范围较为广泛，对农村低收入家庭的收入显示出较大的作用。那么，扶贫金融信贷对农村低收入家庭增收效应如何，本章以 G 区为例进行分析。G 区发展定位于高新技术开发，经济发展状况好于一般地方，区内企业相对较多，有实行"富民生产贷"的基础。截至 2018 年 9 月 30 日，全区包括一镇一街道，56 个村庄，总人口为 16.8 万人，脱贫（享受政策）农村低收入家庭还有 650 户、1011 人，分布于 54 个村庄。因为样本有缺失，回归样本有 547 户家庭。农村低收入家庭的个体特征如表 5 - 7 所示。

表 5 - 7 农村低收入家庭个体变量特征统计

变量名	变量解释	均值	标准差值	最小值	最大值
asr	2018 年人均可支配收入（元）	6666.191	3024.267	0	23136.64
y	增收稳固程度	3.28	1.426	1	5
guangfu	光伏分配收入（元）	357.88	860.242	0	7364.5
fpxd	金融信贷分配收益（元）	1408.014	1637.616	0	7200
控制变量	变量解释	均值	标准差值	最小值	最大值
age	年龄	68.568	14.85	17	97
gender	性别（男 = 1，女 = 0）	0.632	0.483	0	1
h_1	残疾	0.204	0.403	0	1
h_2	长期慢性病	0.51	0.5	0	1
h_3	患有大病	0.099	0.299	0	1
$tplx_1$	脱贫（享受政策）	0.956	0.204	0	1
lx_1	低保户	0.666	0.472	0	1
lx_2	五保户	0.035	0.184	0	1
wg_1	务工（是 = 1，否 = 0）	0.193	0.395	0	1

注：变量以户为单位，样本 h 的基础类是健康；tplx 脱贫分类为脱贫（享受政策）、未脱贫两类，脱贫（不享受政策）不在其中，样本缩小；lx 的基础类是一般农户，收入统计时间为 2017 年 10 月 1 日到 2018 年的 9 月 30 日。

从表 5 - 7 中的统计变量来看，2018 年农村低收入家庭的收入在巩固提升阶段有了较大幅度的增长，突破了 6000 元大关，扶贫专项资金使用的光伏项目和金融信贷都带来了不错的收益。农村低收入家庭的平均年龄达到了 68.6

岁，残疾比率约20%多，疾病比例达到60%左右，老、弱、病、残问题依旧是主要问题，也显示出项目收益对于农村低收入家庭增收的重要性。低保、五保户两者的比例接近70%，有务工经历的农村低收入家庭比例不到20%。在经济发展状况较好的地方，这也是一种常见情况，被精准识别的农村低收入家庭自主脱贫的能力是非常弱的，有劳动能力的家庭收入基本会达到贫困线标准以上。所以在经过了农村低收入家庭按需求实施扶贫政策脱贫的过程后，扶贫出现了三种情况：（1）关于自主脱贫的农村低收入家庭，赶上了平均家庭的生产、生活水平，在脱贫后不再享受政策；（2）新识别的农村低收入家庭，鼓励利用优惠政策自主脱贫和救济扶贫整合实施；（3）有些农村低收入家庭脱贫后，如果没有扶贫政策继续支持，可能会返贫，属于脱贫（享受政策），这部分的农村低收入家庭比例较多。后面两种情况，就需要保障性扶贫的措施紧随其后，G地区必须挖掘自身资源和市场潜力，做好扶贫举措。鉴于研究问题，核心变量fpxd是金融信贷中"富民生产贷"的协议分配比例。

为了更好地考察金融信贷政策的增收效应，按照前面产业政策的帮扶分析思路，定义扶贫稳固程度，依旧采取五分法。低于3900元为非常不稳固，大于等于3900元小于4900元为不稳固，大于等于4900元小于6000元为一般稳固，大于等于6000元小于8024元为稳固，大于等于8024元为非常稳固。计算出每个群体的收入平均值，平均收入水平差距呈现越来越小的现象。基于当地的消费水平做出估计测算，得出G区的农村低收入家庭增收稳固比例，见图5-4，对农村低收入家庭的脱贫收入有个直观了解。

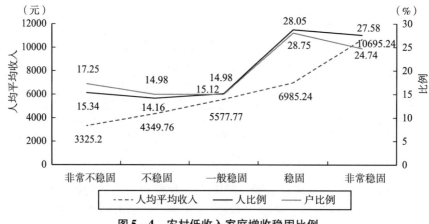

图5-4 农村低收入家庭增收稳固比例

图 5-4 中横轴是农村低收入家庭增收稳固程度五个类型群体，纵轴是各个群体的平均收入和所占总体样本的比例。可以看出，无论是农村低收入家庭的户比例和人比例的趋势基本一致，可以发现农村低收入家庭脱贫相当于贫困人群脱贫。稳固程度占比较大，但是从收入方面要看到不稳固的比例仍然近30%左右。

（二）金融信贷扶贫模型设定与实证结果

第一步，利用有序 Logit 模型考察金融信贷收益对增收的稳固程度的影响；第二步，为了更好地解决样本选择性偏差的问题，用倾向得分匹配法（PSM）削除组间的干扰因素，得到更真实的金融信贷收益对农村低收入家庭增收的影响。

1. 有序 Logit 模型估计

表 5-8 为接受金融信贷分配收益的农村低收入家庭的 Logit 回归结果，估计样本为全体样本和分组样本，全样本 340 户家庭有金融信贷的收益。分组样本以 60 岁年龄为界线，大于等于 60 岁的为一组，收入包括农村老年人的基础养老金，小于 60 岁的为一组，收入无养老金。核心变量金融信贷的分配收益对农村低收入家庭脱贫的稳固程度在 5% 的水平下显著；对于年龄 60 岁以上的子样本不显著，60 岁以下的子样本则在 1% 的水平上显著。60 岁及以上的农村低收入家庭的收入有基础养老金、光伏分配收益、金融信贷分配收益等多项转移收入叠加，金融信贷带来的增收效应被分散了；而 60 岁以下的农村低收入家庭少了每年 1362 元的基础养老金，同等条件下，金融信贷的收益的增收效应要大于 60 岁及以上人群。在控制变量中，户主的身体健康状况为残疾的农村低收入家庭，得到了更多的帮扶，年龄在 60 岁及以上和年龄在 60 岁以下的全样本对增收稳固程度均是正向影响，具有 10% 及以上的显著性水平；户主的身体健康状况为长期慢性病的农村家庭对增收稳固程度为正向影响。脱贫（享受政策）变量对农村低收入家庭的脱贫稳固程度在 60 岁及以上家庭样本中影响很大，且在 1% 的水平上显著，说明转移性收入起到了较大的脱贫效应。

表5-8　　接受金融信贷分配收益的农村低收入家庭的 Logit 回归结果

变量	全样本农村低收入家庭		年龄大于等于 60 岁农村低收入家庭		年龄小于 60 岁农村低收入家庭	
	系数	标准差	系数	标准差	系数	标准差
fpxd_ln	0.392 **	0.186	0.032	0.237	1.034 ***	0.352
age	−0.081 *	0.048	−0.201	0.261	−0.111	0.186
age^2	0.001 *	0.000	0.001	0.002	0.001	0.002
h_1	0.734 **	0.354	0.800 *	0.432	1.745 **	0.711
h_2	−0.008	0.302	−0.328	0.341	1.765 **	0.695
h_3	0.312	0.386	0.040	0.442	1.165	0.867
gender	0.217	0.233	0.348	0.274	−0.244	0.507
$tplx_1$	21.757	3279.400	25.316 ***	9.774	20.155	808.040
lx_1	−0.117	0.254	0.009	0.289	−0.865	0.590
lx_2	0.208	0.573	0.354	0.746	0.903	1.030
wg_1	0.463	0.298	0.203	0.414	0.473	0.496
$town_2$	−0.273	0.310	−0.733 **	0.370	1.043 *	0.607
Pseudo R^2	0.077		0.050		0.205	
Likelihood	−460.874		−332.635		−116.708	
样本数	340.000		239.000		101.000	

注：fpxd_ln 为 fpxd 的对数值，*** 、** 、* 分别表示在1% 、5% 、10% 的水平上显著。

2. 倾向性得分匹配法估计

分析金融信贷对农村低收入家庭增收真实的效应，用倾向性得分匹配法（PSM）修正选择偏差。首先，根据倾向性得分匹配法的步骤，计算农村低收入家庭个体影响接受金融信贷收益分配行为的倾向性得分，通过农村低收入家庭是否接受金融信贷收益分配，对控制变量进行 Logit 回归，获得倾向性得分值。农村低收入家庭在接受金融信贷收益分配决策的 Logit 模型估计结果如表5-9所示。

表 5-9　　　农村低收入家庭接受金融信贷分配收益决策的 Logit 估计结果

变量	系数	标准差	平均边际效应
age	-0.017	0.045	-0.004
age^2	0.000	0.000	0.000
gender	0.307	0.202	0.066
h_1	0.383	0.303	0.083
h_2	0.631 ***	0.238	0.136
h_3	1.202 ***	0.375	0.259
$tplx_1$	1.504 ***	0.440	0.324
lx_1	0.705 ***	0.206	0.152
lx_2	1.143 *	0.651	0.246
wg_1	-0.539 **	0.257	-0.116
Pseudo R^2	0.083		
Loglikelihood	-355.653		
样本数	574		

注: *** 、 ** 、 * 分别表示在 1%、5%、10% 水平上显著。

从表 5-9 中发现，疾病对于农村低收入家庭获得收益分配具有正向作用，显著性水平为 1%。脱贫（享受政策）也是农村低收入家庭得到收益的优先考虑因素之一，而且在 1% 水平上显著。低保户和五保户都会在分配时得到更多关注，低保户的显著性较高，五保户的显著性水平为 10%。有务工能够得到劳动收入的农村低收入家庭对收益分配为负向影响。其他变量不显著。

为确保匹配质量，在获得农村低收入家庭属于接受金融信贷分配收益的倾向得分之后，对其匹配的共同支撑区域进行分析。图 5-5 是农村低收入家庭倾向得分匹配前后的密度函数，很显然，和匹配前概率分布比较，经过匹配后，接受金融信贷分配的农村低收入家庭和控制组农村低收入家庭的倾向得分区间在细微处更加接近，具有基本一致的重叠，这表明匹配效果较好，大多数观察值在共同取值范围内，满足倾向性得分匹配法所需要的平衡条件。

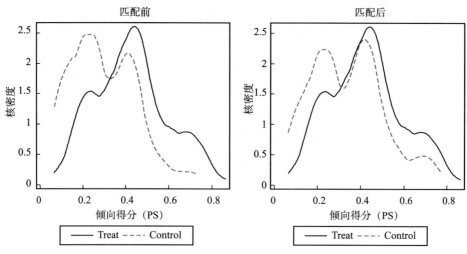

图 5 - 5　金融信贷扶贫倾向得分匹配前后的密度函数

表 5 - 10 是关于数据匹配前后变量平衡性检验结果，可以看出，使用 5 种方法匹配后，各种匹配方法显著降低了处理组和控制组间解释变量分布的差异，从而样本选择偏误显著降低。统计量 LR Chi2 的值在 2.02 ~ 9.25，P 值不超过 1，满足所有变量无联合影响的假设条件，因而匹配后的数据满足联合平衡的要求。指标 B（处理组与控制组倾向得分线性指数均值的标准差）的值如果小于 25，则所有协变量在整体上平衡，样本数据指标 B 的值从匹配前的70.3 下降到匹配后不超过 25。可以得出结论，总体上匹配后的数据满足平衡性要求。

表 5 - 10　　　　　　　　农村低收入家庭样本的平衡检验

匹配方法	Ps R²	LR chi2	p > chi2	MeanBias	MedBias	B	R
未匹配前	0.084	64.84	0	19.2	17.9	70.3 *	1.06
K 近邻匹配	0.006	5.71	0.892	3.7	3.2	18.6	1.1
卡尺匹配	0.002	2.02	0.998	2.5	1.7	11	1.13
核匹配	0.002	2.2	0.998	2.8	1.9	11.5	1.2
样条匹配	0.01	9.25	0.599	3.6	2.4	23.7	1.08
偏差校正匹配	0.007	3.66	0.979	3.4	3.5	19.3	2.07

注：***、**、* 分别表示在 1%、5%、10% 水平上显著。

根据倾向性得分匹配后，处理组的平均处理效应表示如下：

$$ATT = E\{E[y_{1i} \mid D_i = 1, P(x_i)] - E[y_{i0} \mid D_i = 0, P(x_i)] \mid D_i = 1\}$$

$$(5-16)$$

其中，D_i 为处理变量，取 1 时表示农村低收入家庭接受金融信贷收益分配，取 0 时表示农村低收入家庭没有接受金融信贷收益分配；y_{1i} 表示第 i 个个体在接受金融信贷收益分配的增收稳固程度；y_{i0} 表示第 i 个农村低收入家庭没有接受金融信贷收益分配时的稳固程度。

倾向性得分匹配法有很多种，包括最小近邻匹配法、卡尺匹配法、核匹配法、样条匹配、偏差校正匹配。表 5 - 11 给出了这五种倾向性得分匹配法下的增收稳固程度估计结果，其平均处理效应结果相差不大，农村低收入家庭接受金融信贷收益分配比没有接受金融信贷收益分配要高出 50% 以上，K 近邻匹配结果最大为 61.7%，偏差校正匹配估计结果最小为 51.4%，相差 10.3 个百分点。综合来看，金融信贷对农村低收入家庭确实能够有效提高增收稳固程度，显示出金融信贷扶贫在 G 区具有非常重要的扶贫效果，发展金融信贷扶贫是一项重要的扶贫措施。

表 5 - 11　　　　　　　基于倾向性得分匹配法的 ATT 估计结果

匹配方法	处理组的平均处理效应 ATT	校准差	T 值
K 近邻匹配	0.617	0.152	4.06
卡尺匹配	0.575	0.14	4.12
核匹配	0.577	0.139	4.15
样条匹配	0.574	0.132	4.36
偏差校正匹配	0.514	0.147	3.51

四、研究结论和建议

金融信贷扶贫对 G 区的农村低收入家庭增收带来了良好的正向效应，但是扶贫政策给金融信贷优惠是具有时间限制的，在 2020 年精准扶贫完成后，如果这一政策不再继续发挥作用，对于脱贫享受政策的农村低收入家庭的收入是否能够达到脱贫标准？贫困家庭人均收入与贫困线之间的收入缺口以何种方式弥补？一方面，通过对 G 区农村低收入家庭的个体特征进行统计性描述，发现农村低收入家庭的自主脱贫能力较弱，而金融信贷对 G 区的扶贫又有明显的影响；另一方面，在 L 市内 G 区的情况不是个案，比如 J 区的情况和 G 区类似，扶贫任务相对不重，但是又存在一定数量的农村低收入家庭；财政扶贫投入已经实现确权到村，成为村集体的资本，可以长久使用。金融信贷是因地制宜采取的一种较好的扶贫方式。

首先，普惠金融应该根据扶贫进程来调整业务，适应新扶贫阶段要求。到户金融扶贫和产业金融扶贫是关键，基础性金融扶贫是补充。在基础设施建设已经基本完成的 L 市，普惠金融重点应该放在产业金融扶贫、到户金融扶贫方面。各金融机构要在政府的引导下积极开展业务创新，微型金融应该发挥信贷机制优势，继续对那些具有产业发展能力但缺乏资金脱贫的农村低收入家庭进行个性化服务，提高金融服务的针对性。商业基层银行特别是涉农类商业银行要根据地方特色，遵照市场规律继续加强对产业扶贫的支持，用"开发式"扶贫理念做到扶贫与金融信贷两者协调发展。

其次，政府对财政投入形成的资本要建立实现保值增值的制度，促进农村家庭的资产积累实现由贫困向非贫困状态的转变，从结构上改变贫困致因，提升农户反贫困的主体性。依据金融市场规律，建立贫困家庭与经营主体的合作或依靠机制，实现资本的减贫功能。政府在设计制度方面应适当减少程序文件，鼓励把更多精力投入到与农村低收入家庭、经营主体、银行的走访交流中，聘请专业第三方进行风险评估，切实防止金融风险发生。

最后，加强金融信贷在相对贫困时期的应用。在 2020 年结束精准扶贫，全面消除绝对贫困后，存在着两种状态：一种是农村低收入家庭动态的脱贫状态，不断有农村低收入家庭脱贫，也会有新的农村低收入家庭产生，对于新识别的家庭，需要继续精准施策帮扶脱贫；另一种是脱贫后的状态不稳固，仍需要享受扶贫政策进行巩固提升，这就进入了相对贫困状态。在这两种状态下，发挥财政扶贫专项资金投入的金融信贷减贫作用，在金融资本的放大效应下，可以减少"富民生产贷"经营主体的融资成本，增加企业扶贫的动力，保障扶贫政策在相对贫困状态下，政府即使减少大规模投入，也能利用前期扶贫的成果使扶贫进入可持续的良性循环中。

第三节　新农保对农村低收入家庭的共同富裕效应

随着 2020 年我国脱贫攻坚任务全面完成、圆满收官，中华民族将历史性地整体消除绝对贫困现象，创造了发展中国家战胜绝对贫困的壮举。在此基础上，扶贫工作将全面转向以缩小差距、实现共同富裕为目标的解决相对贫困新阶段，提出了脱贫攻坚成果巩固拓展同乡村振兴有效衔接的战略。从"实施乡村振兴战略"到"优先发展农业农村，全面推进乡村振兴"，做好"三农"工作一直是党和国家的工作重中之重。因此，需要深入研究扶贫演进规律，科学把握相对贫困的特征，在乡村振兴的制度框架和政策体系中，系统构建符合我国实际的解决相对贫困的体制机制。

在解决好"两不愁三保障"突出问题、消除生活绝对贫困后，发展贫困、能力贫困问题及其带来的物质贫困、精神贫困将在相对贫困阶段逐步凸显。在扶贫过程中，有效的扶贫措施会继续发力，助力低收入家庭在内力和外力作用下实现更高质量的脱贫，达到缩小收入差距的目的。国家在扶贫过程中，投入了大量的人力和物力，人力表现在抽调大批党员、干部驻村帮扶，对低收入家庭的收入增加有较大的正向影响。物力一方面表现在财政转移政策给贫困村的项目建设基金投入，当下已确权成为各贫困村的资产，这些资产在相对贫困阶段可以充分利用，提高贫困村的发展内力，增加村集体收入，从而间接增加低收入家庭的收入；另一方面表现为财政转移支付政策的惠民支出，直接增加低收入家庭收入。在新时代，财政转移支付发挥作用的具体量化测算可以为其在相对贫困阶段的可持续性效应的发挥提供一个尺度。

新农保收入是财政转移支付的基础保障民生支出，它被列入农村低收入家庭的收入来源统计中。这项收入相对稳定，而且稳中有增，它对低收入家庭的收入影响程度如何呢？这个问题对当下精准理解新农保对农村低收入家庭的收入保障效应以及促进农村低收入家庭收入稳定增长从而实现共同富裕具有重要意义。

新农保从 2009 年开始试点实施，截至 2020 年已经开展了 11 年，年满 60 岁且符合条件的农村居民可以每月领取新农保。通过调研发现，新农保的运行呈现出良好的状态。各级政府重视新农保的筹资和发放，保障农村家庭及时领到钱，缴费家庭适时适度参保。很多低收入家庭用新农保的收入来购买日常消费品，部分地解决了家庭开支。它的保障作用体现在心理和物质两方面：①心理方面，在特殊时期，低收入家庭每月准时领取到新农保，有了一定数额的稳定收入预期，所以主观上减轻了恐慌程度，这是心理上的一种保障效应；②物质方面，在相对贫困阶段的共同富裕目标下，新农保直接增加了低收入家庭收入，这是物质上的保障效应。基于此，本节利用 L 市扶贫阶段的 1 万多户低收入家庭数据（2017～2020 年），用年龄作为断点进行回归，分析低收入家庭的收入情况并找到新农保的保障效应测量尺度，提出针对新农保政策的可操作性建议。

一、制度背景

（一）相关政策

1. 国家新农保政策

新农保是政府为解决农村居民老有所养问题而开展的，它是以保障农村居民年老时的基本生活为目的，建立个人缴费、集体补助、政府补贴相结合的筹资模式的一种保险制度和政府政策，兼有保险和财政转移支付的两大特点。关于新农保，在参保范围、资金筹集、领取条件、基础养老金标准等也有许多的政策规定。

新农保的参保范围：年满 16 岁（不含在校学生）、未参加城镇职工基本养老保险的农村居民，可以在户籍地自愿参加新农保。

新农保的基金筹集政策包括三种形式：个人缴费、集体补助和政府补贴。

新农保的待遇领取条件：年满 60 岁、未享受城镇职工基本养老保险待遇的农村有户籍的老年人，可以按月领取养老金。新农保制度实施时，已年满 60 岁、未享受城镇职工基本养老保险待遇的，不用缴费，可以按月领取基础养老金，但其符合参保条件的子女应当参保缴费；距领取年龄不足 15 年的，应按年缴费，也允许补缴，累计缴费不超过 15 年；距领取年龄超过 15 年的，应按年缴费，累计缴费不少于 15 年。

2. 新农保的实施标准

农村家庭领取的养老金数额是基础养老金加个人缴费和集体补助部分，低收入家庭的生产生活因为这项收入也发生了很多变化。根据边际效用递减规律,低收入家庭的收入和一般农村家庭相比偏低,新农保给他们带来的收入保障影响比一般农村家庭更大。关于新农保的基础养老金标准,以 L 市为例,到2020 年时,发放标准一直在提高,其标准变化如表 5 – 12 所示。

表 5 – 12　　　　　　　　　　　新农保的基础养老金标准

起始日期	终止日期	领取年龄（岁）	基础养老金标准（元）
2009 年 11 月	2011 年 9 月	60	55
2011 年 10 月	2013 年 9 月	60	60
2013 年 10 月	2014 年 4 月	60	65
2014 年 5 月	2014 年 12 月	60	80
2015 年 1 月	2016 年 6 月	60	90
2016 年 7 月	2017 年 12 月	60	105
2018 年 1 月		60	118
2019 年 1 月		65 ~ 75 75	123 128
2020 年 7 月		60	147

注:L 市为扶贫重点市,这里隐去了真实城市的名字,新农保发放标准来自当地民政局文件。

从表 5 – 12 可以得出,基础养老金发放标准从 2009 年的 55 元到 2020 年的 147 元。2019 年根据年龄差别,65 ~ 75 岁的农村居民每月可以领取 123 元钱,75 岁以上的农村居民每月可以领取 128 元钱。有的家庭再加上个人缴费和集体补助部分,这一项收入更多。

（二）低收入家庭新农保获得效应的理论分析

新农保是政府的一项惠民政策,兼有市场保险机制的特点,作用对象是广大的农村居民,新农保具有普惠性,大部分文献没有具体到新农保对低收入家庭的研究;而且应用的数据是精准扶贫前的年份数据,不能完全说明新农保的保障效应。低收入家庭成员年龄在 60 岁及以上的人口占比较多,在共同富裕的要求下,研究新农保对农村低收入家庭的生产和生活的影响程度是非常必要和有意义的。

1. 农村低收入家庭的收入来源多样化

精准扶贫时期，从被帮扶农村低收入家庭的获得感看，在各项扶贫政策的激励促进下，贫困人口的生产生活条件显著改善，收入明显提高。农村低收入家庭的总收入包括工资收入、生产经营收入、财产性收入、转移性收入和其他收入。新农保收入是转移性收入的一部分，占家庭总收入的比重不同。以两户家庭为例：第一户家庭有 4 口人，2020 年的家庭总收入为 31214.8 元，其中，土地承包经营流转所得的财产性收入 1800 元，国家转移支付 18024 元，扶贫政策通过市场带来的转移收入 6894 元，其他收入如电价补贴等为 2998 元。新农保收入 1498.8 元，占总收入的比重为 4.8%。第二户家庭有 3 口人，2020 年的家庭总收入为 23040 元，其中，种植性的生产经营性收入为 2000 元，小麦补贴 726 元，生产经营性支出 900 元，净生产经营性收入 1826 元，国家转移支付 14031 元，市场带来的转移收入——移民分红 2610 元，其他收入 1561 元，新农保收入 3012 元，占总收入的比重为 13.07%。各个家庭根据政策，收入来源和数额有所差别，但总体上收入来源呈多样化。[①]

2. 新农保为农村低收入家庭的阶段式共同富裕增添助力

低收入群体是促进共同富裕的重点帮扶人群，要完善兜底救助体系，加快缩小社会救助的城乡标准差异，逐步提高城乡最低生活保障水平，兜住基本生活底线。经过 13 年的发展，新农保持续增长，成为农村 60 岁及以上居民家庭的一项稳定收入。新农保稳中有增的特点使其在农村低收入家庭中起到了基础保障作用，为农村低收入家庭生产生活水平的提高、实现阶段式的共同富裕增添助力。

本节着重在以下三个方面进行比较深入的探索：第一，通过 Obstfeld 模型分析农村低收入家庭领取到补贴时，其收入的支出情况，减少不利因素对农村低收入人群生活的影响。新农保作为一项现金补贴，增加了家庭的常数资源禀赋，分析对其生活水平影响；第二，研究新农保对农村低收入家庭的保障效应，而不是针对所有农村家庭。数据收集基本跨越整个精准扶贫时期。新农保政策在实施 11 年后，对当下的低收入家庭的保障情况的量化，可以为扶贫成果巩固拓展和乡村振兴衔接的完善实施提供依据；第三，考察新农保对农村低

---

① 数据来自 L 市的两户农村低收入家庭的收入统计表。

收入家庭的动态影响。有些家庭享受扶贫政策时间持续 2～4 年，通过追踪数据可以分析新农保的动态效应。

二、奥布斯特菲尔德模型分析农村低收入家庭的收入支出情况

根据前面第三章的数理分析，从拉姆齐模型的代表性家庭最大化效用出发，分析在一定的资源禀赋条件下低收入家庭的效用情况。农村低收入家庭由于得到扶贫政策的帮扶，其预算约束条件发生变化，根据奥布斯特菲尔德模型（Obstfeld，1995）分析低收入家庭得到外部补贴后，对其生活水平的影响。

对于代表性的农村低收入家庭

$$\max \int_0^\infty u(c(t)) e^{-\beta t} dt \qquad (5-17)$$

满足约束条件

$$\dot{k} = f(k(t)) - c(t) + a \qquad (5-18)$$

其中，给定初始资本存量 $k(0) = k_0$，a 为新农保现金补贴，它是外生给定的常数。c(t) 为人均消费水平，u(c(t)) 为效用函数：$R_+ \to R_+$ 为非降的、边际效用递减的二阶连续可微函数，k(t) 为人均资本存量水平，生产函数 y = f(k(t)) 为连续可微的、递增的、边际效用递减的一阶齐次函数。

通过分析，作为现金补贴的新农保，均衡点的资本存量与新农保政策带来的固定收入无关，仅仅依赖于时间的偏好，因此，政策带来的常数类型增收不影响均衡点的资本存量水平，但可以使均衡点的消费水平提高，通过对均衡时的方程中 a 求导得到：

$$\frac{\partial c^*(t)}{\partial a} = 1 \qquad (5-19)$$

在均衡点，增加的外来帮助全部用来增加消费。同时，资本存量的收敛速度与 a 有关，新农保增加可以加速经济向均衡点移动。按照上述结论，当农村低收入家庭得到固定数量的外来经济帮助时，全部用来增加消费。所以，新农保的收入会增加低收入家庭的消费，增加消费会带来家庭成员自身生活水平的提高并对经济发展有促进作用。

三、数据和实证策略

（一）数据描述

本节数据来源是 L 市的调研和建档立卡的工作数据，包括了 12699 户低收入家庭，涉及人口 22695 人，来自发展程度不同的五个街道（乡镇）的 189 个村庄。低收入家庭每年的家庭人均收入的统计周期是从上年的 10 月 1 日到当年的 9 月 30 日①。该数据在时间上基本跨越了精准扶贫实施的过程，也是相对贫困阶段贫困状况的起点。在空间上，覆盖了 L 市的众多村庄，样本量较大且全面，能够克服调查信息不精准和选择偏差问题。以一个市的数据进行估计，样本的各种不可观测因素如自然和人文环境等较为相似，避免了大面积抽样产生的异质性问题；更为重要的是，样本中的农村低收入家庭得到的政策扶持是 L 市结合当地的实际情况实施的政策，得到的收益政策也具有相似性，从而可以更好地考察各种政策的平均效应。

农村居民的年龄在 60 岁时就可以领取新农保，所以自然就分成了两类家庭，一类家庭是户主年龄在 60 岁以下，没有领取新农保，但是他们要缴纳新农保保险，这部分资金未来成为新农保收入的一部分；另一类家庭是户主年龄在 60 岁及以上，领取新农保。

（二）指标选取

由于 60 岁及以上的农村居民可以领取新农保的养老金，所以把年龄作为分配变量，60 岁是分界线，也就是断点，处理变量 D_i 完全由年龄是否超过这个断点所决定，年龄是唯一的因素。是否能领到养老金的两种潜在结果设为 (y_{0i}, y_{1i})，D_i 独立于 (y_{0i}, y_{1i})。

$$D_i = \begin{cases} 1 & 若 \ x_i \geqslant 60 \\ 0 & 若 \ x_i < 60 \end{cases} \qquad (5-20)$$

显然，处理变量 D_i 为 x_i 的函数，记为 $D(x_i)$。由于函数 $D(x_i)$ 在 $x=60$ 处存在一个断点，这提供了估计 D_i 对 y_i 因果效应的机会。对于年龄在 58 岁、59 岁、60 岁或 61 岁的农村低收入家庭居民，可以认为他们在各方面没有系

---

① 数据来源于扶贫一线工作数据，统计周期遵循实际统计规则。

统差异。因此，由于新农保的政策规定以 60 岁作为分界线，年龄在小领域 $[60-\varepsilon, 60+\varepsilon]$ 之间的人群中进行了随机分组，符合准实验的要求。它们之间的关系表示为：

$$y = \alpha + \rho \times Treatment + \sum_{k=1}^{K} \beta_k \times (x-c)^k + \sum_{k=1}^{K} \gamma_k \times Treatment$$

$$\times (x-c)^k + W + \varepsilon \qquad (5-21)$$

其中，y、x、treatment 和 W 分别为结果变量、分配变量、处理变量（当 x≥c 时，Treatment =1，否则 Treatment =0）和前定变量。α、ρ、β 和 γ 为待估计的参数，ε 为随机扰动项。ρ 显著不为 0，表明处理对结果变量有影响。参数估计的要点是确定模型（5−21）中的多项式次数 K。

结果变量是农村低收入家庭的人均年收入，分配变量是年龄，60 岁作为断点，分析断点附近的低收入家庭是否领到新农保对家庭收入个体的影响。数据来源是建档立卡的农村低收入家庭的人均年收入及其他的家庭数据，再通过调研对家庭数据进一步完善。因为数据统计周期、个人缴费和家庭人口等原因，各户家庭新农保收入数额从几百元到几千元不等，断点回归只需要统计家庭是否领取到新农保收入，不考虑具体数额。

（三）数据的统计分析

前定变量是家庭的个体统计性特征，包括户主性别、受教育程度、健康状况等，所在村庄是否有派驻乡村第一书记、家庭特征是否是低保户等外部环境变量。在表 5−13 中没有全部列出，但是模型分析中会进行相应的检验。

表 5−13　　　　　　　低收入家庭的个体统计性特征

变量			平均值	最小值	最大值
结果变量	sr（家庭人均年收入）		6761.202	0	123240.9
分配变量	age（年龄）		68.122	6	104
前定变量	size（家庭规模）		1.80	1	9
	xb（性别）		0.673	0	1
	edu（受教育程度）		3.570	0	13
	家庭类型	lx$_1$（低保户）	0.490	0	1
		lx$_2$（五保户）	0.024	0	1

变量			平均值	最小值	最大值
前定变量	健康状况	h_1（残疾）	0.167	0	1
		h_2（长期慢性病）	0.542	0	1
		h_3（大病）	0.051	0	1
	fsec（是否第一书记驻村）		0.54	0	1
样本量			12669		

从表 5-13 可以看出，12699 户的家庭规模平均每户是 1.8 人，说明有较多的家庭组成是 1 人或者 2 人，家庭规模较小。67.3% 的低收入家庭的户主是男性，户主的平均受教育程度是小学 3 年级。家庭类型的分类是一般农户、低保户、五保户，有 49% 的家庭是低保户，领取国家转移支付的低保补贴；还有极少的五保户家庭。健康状况有问题的家庭户主比例大于 70%，基础类是户主的身体状况为健康，家庭数量占比不到 30%，可以预见医疗支出问题对于家庭的负向影响，经过调研发现，身体状况是很多低收入家庭陷入贫困的原因。对于平均年龄为 68 岁左右的农村低收入家庭，防止因病致贫返贫是需要关注的方面。这些个体特征在一定程度上也反映出农村低收入家庭的收入增长较为困难。各级政府派驻乡村第一书记也会影响农村低收入家庭的收入。

（四）总体分析

1. 结果变量为农村低收入家庭的人均年收入的对数值时的回归分析

新农保促进了农村低收入家庭增收，增收效应程度如何，是否可以发挥家庭支出的托底作用？这是分析的关键问题。也就是说，在农村低收入家庭遇到特殊事情时，新农保是否能解决一般的食品支出。把结果变量设为家庭成员年人均收入的对数值，以户主年龄 60 岁作为断点进行回归，回归结果如图 5-6 所示。

图 5-6 包括了散点图、线性拟合、二次拟合、三次拟合、四次拟合共 5 个回归结果，线性回归表现出断点处跳跃。采用拟合的方法，对分配点左右分别拟合，使用多项式模型对农村低收入家庭的收入做出拟合曲线。在线性拟合、二次拟合、三次拟合、四次拟合中，收入变量的均值在年龄 60 岁时存在

较为明显的向上跳跃。这表明领取新农保对农村低收入家庭增收具有正向保障效应。新农保对农村低收入家庭来讲，显示出托底作用，具体影响效应值如表 5 - 14 所示。

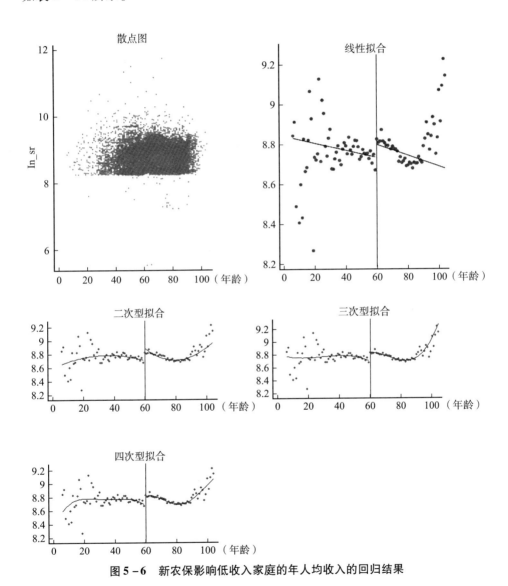

图 5 - 6　新农保影响低收入家庭的年人均收入的回归结果

表 5 –14   新农保对低收入家庭的收入影响

	全样本	全样本加入前定变量
保障效应	0. 144 *** (0. 026)	0. 143 *** (0. 027)
样本量	12661	12660

注：括号内为标准误，*** 、** 、* 分别表示在 1% 、5% 、10% 水平上显著。

表 5 –14 使用局部线性回归法，假定在断点邻域中的处理效应为线性，通过在左右两侧邻域分别进行线性回归并比较两侧回归系数差异来进行识别。其局部沃尔德值（local Wald estimate）在全样本未加入前定变量时，具有 1% 的显著性水平；加入前定变量时，仍然具有 1% 的显著性水平，均为 14% 左右的影响效应值。如果把三角核改为矩形核，其收入保障效应没有发生改变。说明新农保经过十多年的发展，这部分收入对低收入家庭带来了稳定显著的保障效应。在新冠疫情这个特殊时期，有些家庭收入减少时，这部分收入既能发挥稳定家庭收入的作用，又对低收入家庭的成员心里有一定的安慰作用，所以新农保对低收入家庭的收入保障效应值得重视。

2. 结果变量为农村低收入家庭的收入层级时的回归分析

鉴于家庭的收入值非常密集，把收入从低到高分为 5 级，赋值 0、1、2、3、4 进行回归，这样会减少农村低收入家庭收入的一些具体信息，但是回归结果依然显著，如图 5 –7 所示。

从图 5 –7 可以发现，散点图在 60 岁，两端不存在跳跃，从线性拟合到四次型拟合则存在明显的跳跃。如果把家庭样本按照户主性别分类（结果变量为低收入家庭的人均年收入的对数值，以下回归均是），新农保对女性户主的家庭保障影响比男性户主的家庭保障影响要大，显著性都是 1% 的水平。这说明作为一项财政转移支付政策，新农保体现的是基本保障功能，但是因为户主在中国农村家庭的重要作用，性别不同，依然显示出不同的影响结果，对女性户主的影响作用更大。新农保对男性户主和女性户主家庭收入的影响如表 5 –15 所示。

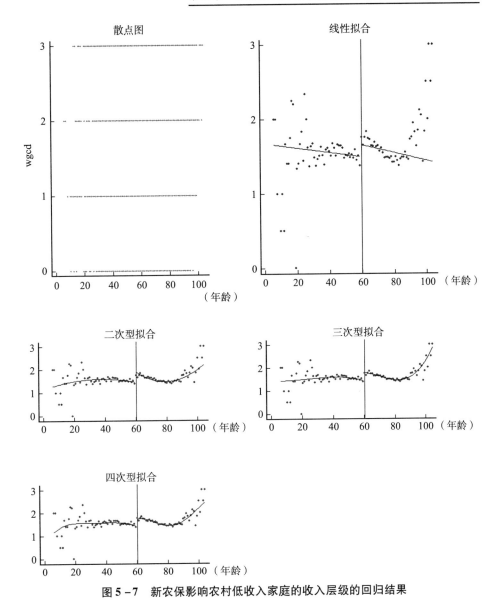

图5-7　新农保影响农村低收入家庭的收入层级的回归结果

表 5 – 15   新农保对男性户主和女性户主家庭收入影响

	男性户主	女性户主
保障效应	0. 123 *** (0. 029)	0. 259 *** (0. 065)
样本量	8522	4139

注：括号内为标准误，*** 、** 、* 分别表示在1% 、5% 、10% 水平上显著。

3. 加入时间效应进行回归分析

一方面，有些农村低收入家庭从 2017 年到 2020 年一直是脱贫（享受政策）类型；有的家庭则先享受脱贫政策，脱贫成功后，不再享受政策。另一方面，随着年龄增加，一些家庭的新农保收入从无到有，一些家庭随着新农保标准提高，新农保收入增加。变换样本数据范围，对享受扶贫政策 2 ~ 4 年的农村低收入家庭进行获得效应分析。图 5 – 8 为变换样本数据范围后农村低收入家庭的新农保影响回归结果。

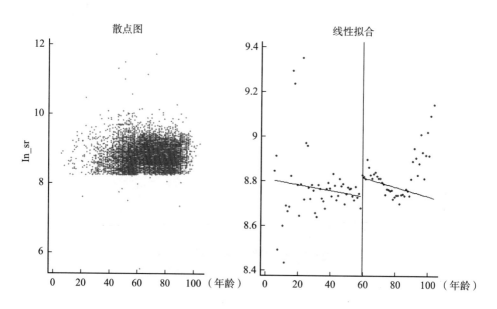

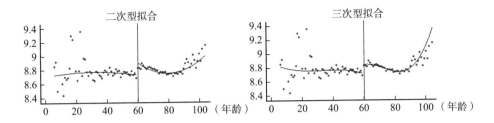

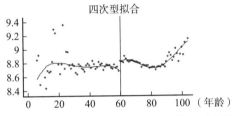

图 5 - 8　变换样本数据范围后农村低收入家庭的新农保影响回归结果

从图 5 - 8 中发现，变换样本数据范围后，利用家庭追踪数据进行动态影响分析，从线性拟合到四次拟合，结果变量在断点附近有明显的向上跳跃。新农保对农村低收入家庭的收入在此时仍然具有显著的影响。再对其进行局部线性回归，其结果如表 5 - 16 所示。

表 5 - 16　　　　　　　　　新农保对低收入家庭的收入影响

	追踪样本	追踪样本加入前定变量
保障效应	0.136 *** (0.032)	0.126 *** (0.031)
样本量	9262	9262

注：括号内为标准误，***、**、*分别表示在1%、5%、10%水平上显著。

由表 5 - 16 可以看出，追踪样本是否加入前定变量，新农保对农村低收入家庭的影响都具有1%的显著性，而且影响效应没有发生大的波动。这说明数据范围的变化没有影响新农保对农村低收入家庭的正向保障效应，回归是稳健的。

四、回归结果的稳健性检验

按照断点回归的要求，对回归结果的稳健性进行全面检验。

（一）低收入家庭的个体特征的连续性

除了结果变量，所有其他变量在断点附近都不应该存在处理效应，也就是不出现跳跃现象，这是局部平滑假设。在检验方法上，把前定变量作为安慰剂结果变量（placebo outcomes），使用断点回归方法进行检验，回归结果如图5-9所示。

由图5-9可以发现，各前定变量在年龄60岁的断点附近，其条件密度没有明显的跳跃。各变量具体的回归结果的p值分别为0.106、0.253、0.201、0.188。因此，不能拒绝不存在断点的假设，各变量在断点处都是连续性的。

变量edu & h_2的平滑性检验

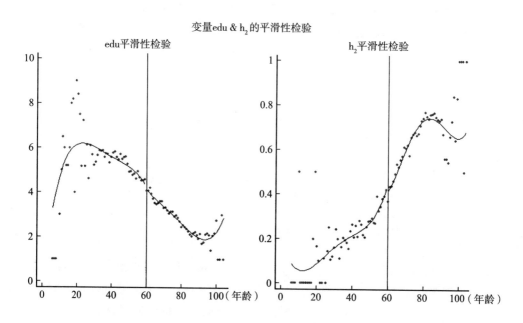

变量h₃ & size 的平滑性检验

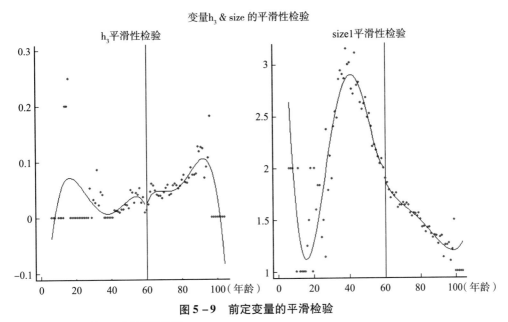

图 5 - 9 前定变量的平滑检验

注：size1 是 size 变量的数值型。

（二）农村低收入家庭在断点附近的数量分布

年龄作为分配变量，如果不存在人为操控，那么在断点附近样本的数量应该相近，才符合随机性。本节用两种方法来检验，第一种方法是画直方图，图 5 - 10 显示了断点附近的农村低收入家庭数量，可以看出，在断点两端的低收入家庭数量没有显著差异。

第二种方法是使用麦克拉里（McCrary，2008）的方法检验分配变量的密度函数是否在断点处不连续。结果如图 5 - 11 所示。回归结果系数值为 0.086，标准误为 0.072，t 统计量为 1.19，在 95% 的置信区间满足连续性的要求。断点两侧密度函数估计值的置信区间有很大部分重叠，故断点两侧的密度函数不存在显著差异。不能拒绝断点附近两侧样本量大致相等的假设，可知分配变量不受人为控制的假设满足。

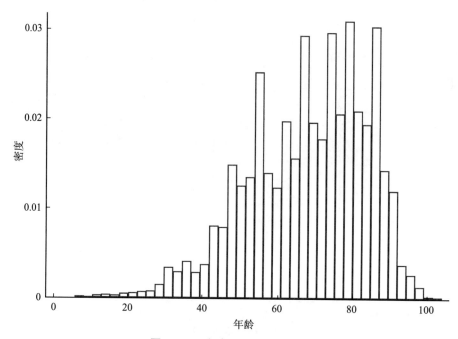

图 5 – 10　断点附近的家庭数量

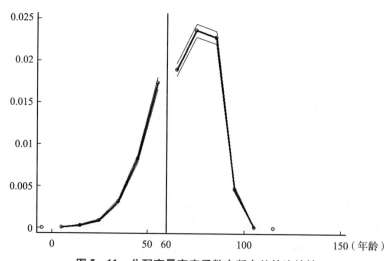

图 5 – 11　分配变量密度函数在断点处的连续性

（三）是否克服数据堆叠的检验

根据图 5 - 12 的回归图，左边点超过 2，右边点在 0 处。由于越接近断点的样本，越有动机去人为操控。所以删除最接近断点的样本，来观察回归是否显著（甜甜圈效应，donut hole approach）。这里删除了断点附近 5% 的样本数据后，进行稳健性检验，此时在 95% 的置信区间回归系数具有 1% 的显著性。因此，把靠近断点最近的数据删除后，克服数据堆积，结果仍然稳健。

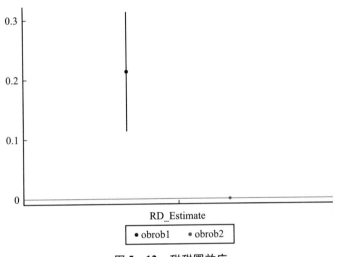

图 5 - 12　甜甜圈效应

（四）不同带宽选择下的新农保的收入保障效应

选择不同的带宽，新农保的收入保障效应结果是否会存在较大变化？这也是回归需要验证的问题。表 5 - 17 是不同带宽下新农保对农村低收入家庭收入的保障影响。

从表 5 - 17 中可以看出，通过三角核的局部多项式回归，随着带宽发生改变，估计值基本没有较大的变化，且在 1% 的水平上显著，说明结果稳健。全样本家庭中，新农保对农村低收入家庭的收入保障影响在 14.5% 左右，发挥着重要的稳定保障作用。

表 5－17   不同带宽下新农保对农村低收入家庭的收入财富保障影响

收入保障效应	全样本					
	0.145 *** (0.026)	0.143 *** (－0.025)	0.142 *** (0.025)	0.151 *** (0.032)	0.153 *** (0.033)	0.148 *** (0.032)
h	8.94	9.84	(9.43, 10.68)	6.13	5.58	(5.88, 6.28)
样本量	12661					

注：括号内为标准误，*** 、** 、* 分别表示在1%、5%、10%水平上显著。

    同时，又先通过 rdrobust 命令提取最优带宽 h，分别手动设置带宽为 h，取值区间为30%～200%，检验回归结果是否仍旧显著。图 5－13 给出了不同带宽下的回归系数和95%的置信区间，回归结果保持显著，8 个回归结果说明结论稳健，新农保对农村低收入家庭的增收影响有稳定的正向效应。

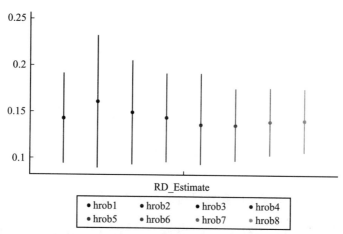

图 5－13   不同带宽下的回归系数和95%的置信区间

五、主要结论与启示

    新农保政策按照"保基本、广覆盖、有弹性、可持续"的基本原则取得了很大成就。本书分析了新农保对当下农村低收入家庭的保障效应，检验了新农保政策的扶贫效果。本书发现领取到新农保的农村低收入家庭增收效应达到了14%，显示出新农保对农村低收入家庭收入的稳定托底作用，估计结果通过稳健性验证。进一步，当农村低收入家庭的户主是女性时，保障效应明显比男性户主家庭增强。基于上述结论，提出如下启示：

首先，新农保的现金补贴增强了农村低收入家庭的消费能力。新农保带来的"财富效应"增加了农村家庭的消费支出，从文献研究、数理模型和实际调研都证明了消费支出的增加。农村低收入家庭从新农保的现金补贴中获益，用于日常消费，起到对低收入家庭的生活保障作用，有利于共同富裕的实现。

其次，新农保在特殊时期对农村低收入家庭的生活和心理产生稳定向好的心理预期。新农保定时发放，农村低收入家庭的收入稳定增加，生活消费有了被托底的心理，减少了心理焦虑，起到了"手中有粮，心中不慌"的保障作用。

最后，通过三次分配，鼓励社会财富参与提高养老金账户的支付水平。从目前的新农保发放情况来看，要大力推广新农保，为建立解决相对贫困长效机制显示出托底作用。在未来的一段时期内，普惠制的新农保的养老保险金账户需要不断提高支付水平，可以从两方面下功夫：一是提高政策转移支付占比，探索政策转移支付和保险双重机制设计思路。政府在财力允许的范围内，提高基础养老金标准，并利用低风险的普惠金融增加个人账户养老金；二是要实施鼓励慈善参与新农保的筹资政策，可以利用税收和慈善两个工具，三次分配鼓励社会财富参与新农保筹资，不断增加新农保的两个账户数额。新农保需要根据各地的发展水平，发挥出稳定托底农村低收入家庭的作用，助力实现共同富裕的阶段式发展。

第四节　农村低保对低收入家庭的共同富裕效应

共同富裕是社会主义的本质要求，从社会结构看，推进共同富裕的最大难点和最艰巨的任务在农村，农村低收入家庭经过精准脱贫后，实现"两不愁三保障"。2021年中央经济工作会议提出继续做好"六稳""六保"工作，持续改善民生，加快补齐民生领域短板。从社会全局来看，农村低收入家庭的生产生活水平是民生领域改善的短板，需要对这部分群体进行持续关注。

一、农村低保制度的背景和发展

农村低保制度是政府的一项现金转移支付政策。从农村低收入家庭的收入来源中发现，低保补贴成为农村低收入家庭的一项稳定收入，为他们脱离贫困起到了重要作用。这项制度从 2003 年开始试点实施，2007 年，国务院发布了《关于在全国建立农村最低生活保障制度的通知》，明确建立农村最低生活保障制度的目标是："通过在全国范围建立农村最低生活保障制度，将符合条件的农村贫困人口全部纳入保障范围，稳定、持久、有效地解决全国农村贫困人口的温饱问题。"实施低保的目标就是解决"足衣食"的问题，实施方式是直接给以现金补贴。补贴发放之前是对低保户的认定，农村低保金的申请、审核和审批都有一整套完整的程序。关于低保户的精准确定是一个关键问题，只有符合当地低保条件的家庭才可以成为低保户，补贴的发放要做到精确瞄准（韩华为，2021；何欣等，2019；安超，2019）。当然，低保户一直是动态调整且分档的，不同的档位对应不同的补贴数额。基层乡镇政府一般会制定低保调整的"明白纸"，实行应保尽保、应退尽退①。

随着低保制度的不断完善与升级，农村低收入家庭领取的补助金额每年都有所增长，农村低保户可以依靠这笔钱解决基本的温饱问题。截至 2020 年底，全国共有农村低保家庭 1985.0 万户，农村低保对象 3620.8 万人。全国农村低保平均保障标准 5962.3 元/人·年，比上年增长 11.7%，全年支出农村低保资金 1426.3 亿元。在低收入家庭脱贫的过程中，低保政策发挥出较大的兜底减贫效果。在共同富裕的新征程中，低保政策如何继续发挥兜底保障功能，成为完善的社会救助体系的一部分，对农村低收入家庭实现阶段式的共同富裕是值得探讨的问题。②

本节拟研究三个方面的内容：首先，研究对象是建档立卡的农村低收入家庭，不是关注所有的农村低保补贴家庭。实际调研中发现，只有部分农村低收入家庭是低保补贴家庭。其次，基于数据的获得性，研究低保补贴对农村低收入家庭的获得效应。从而对低保的发展程度和低收入家庭的现状有较为清晰的认识。通过比较低保分配政策前后低收入家庭收入的变化，来测量低保再分配

---

① 见附录六。
② 民政部. 2021 年民政事业发展统计公报［Z］. 2021 − 9 − 10.

效应在 2021 年的影响程度。最后，在共同富裕的要求下，基于这些家庭的情况找到实施低保政策的着力点。共同富裕的实现是一项综合工程，涉及家庭生产生活改善的方方面面。农村低保是国民收入分配中二次分配的一项重要内容，低保补贴增加了符合条件的低收入家庭的收入，对这些家庭实现阶段式共同富裕的帮扶作用的持续性进行分析。

二、农村低保补贴的领取对农村低收入家庭的消费影响分析

农村低保和新农保一样，对符合条件的低收入家庭来讲，是一项长期扶助政策，以现金形式直接给与。根据动态最优化中的内生时间偏好模型分析其长期影响，农村低收入家庭消费效用贴现和表示为

$$\max \int_0^\infty u(c(t)) e^{-\Delta(t)} dt \qquad (5-22)$$

使得 $\dot{k} - \dot{b} = f(k(t)) - c(t) - h(b) + a$

初始条件 $k(0) = k_0$，$b(0) = b_0$ 给定，a 是低保补贴数额。

根据第三章的数理分析，农村低保政策对农村低收入家庭的长期外部帮助，将降低均衡点的资本存量，增加均衡点的债务水平，但可以增加均衡点的消费水平。低保补贴提高了农村低收入家庭的消费，从而改善生活水平，有助于共同富裕的实现。

三、数据来源与模型构建

本章数据来源为 L 市的调研和工作数据，根据实际情况，每年的统计周期是从当年的 10 月 1 日到次年的 9 月 30 日。总体数据时间跨越了 2017 ~ 2021 年，包括精准扶贫整个阶段和相对贫困阶段的第一年。数据内容包括低收入家庭的基本特征（家庭人口数、户主的受教育程度、健康状况等）、是否享受低保补贴、家庭人均收入、家庭所处的村、乡镇的外部环境（所在地的人均消费支出）等基本情况。样本总体来自 L 市的四个县的 6 个街道乡镇的 189 个村，共 23382 户，涉及 42124 人，有些家庭数据会有 5 年的动态变化情况。鉴于异质性分析的目的，全样本数据会根据回归的要求，以年龄、性别、年份划分进行分样本统计和回归分析。所以从时间和区域来看，数据具有动态性、代表性。表 5 - 18 为 2017 ~ 2021 年农村低收入家庭的基本特征。

表 5 – 18　　　　　　2017～2021 年农村低收入家庭的基本特征

变量	平均值	标准差	最小值	最大值
人均收入（元）	6706.89	3421.61	250	123240.9
低保补贴领取	0.448	0.497	0	1
家庭人口数（人）	1.806	0.975	1	9
户主性别	0.678	0.467	0	1
户主年龄（岁）	69.448	14.211	6	105
户主的受教育程度（年）	3.389	2.536	0	13
健康状况（残疾）	0.162	0.368	0	1
健康状况（长期慢性病）	0.561	0.496	0	1
健康状况（患有大病）	0.042	0.201	0	1
户数（户）	23382			

　　由表 5 – 18 可以看出，农村低收入家庭的人均收入平均值达到了6706.89 元，这显示出经过一系列帮扶政策的实施，这些家庭的收入得到了很大提高。但是标准差的值为 3421.61 元，结合最大值和最小值，说明有些农村低收入家庭经过努力，收入达到了当地正常家庭收入水平，不再是低收入家庭。数据样本中，44.8%的家庭得到低保的财政转移支付现金帮扶。家庭的人口规模在 1.8 人左右，平均年龄为 69.448 岁，67.8%的户主为男性，户主的受教育程度在 3 年左右的水平。约76%的家庭成员的身体健康有问题，长期慢性病占到一半以上，患有大病占到 4.2%，由此可见，医疗支出是这些农村低收入家庭消费支出的一个主要方面。2020年最后脱贫的农村低收入家庭，2021 年依然享受各项政策帮扶，被称为享受政策脱贫户，这些家庭的增收稳固程度不够，在共同富裕的要求下需要继续扶持巩固。享受政策脱贫户和 2021 年动态调整进入的农村低收入家庭共 5292 户，其基本特征如表 5 – 19 所示。

表 5 - 19　　　　　　　2020 ~ 2021 年农村低收入家庭的基本特征

变量	平均值	标准差	最小值	最大值
人均收入（元）	9055.00	4069.015	1100	123240.9
低保补贴收入	0.706	0.456	0	1
家庭人口数（人）	1.708	0.986	1	9
户主性别	0.633	0.482	0	1
户主年龄（岁）	72.399	13.831	11	105
户主的受教育程度（年）	3.032	2.413	0	13
健康状况（残疾）	0.196	0.397	0	1
健康状况（长期慢性病）	0.614	0.487	0	1
健康状况（患有大病）	0.056	0.23	0	1
户数（户）	5292			

　　由表 5 - 19 可知，家庭人均收入平均值进一步提高，领取低保补贴的家庭
达到 70.6%。家庭人口规模减小到 1.708 人，女性户主比例增加，户主年龄增
加到 72.399 岁，比全样本高了 4 个百分点，受教育程度更低，健康状况总体
也变差，有 87% 的家庭成员都有疾病。这些农村低收入家庭的内生共同富裕
能力相对较弱。领取低保补贴的农村低收入家庭在 5 年中的比例如图 5 - 14 所
示。2017 ~ 2019 年，领取低保家庭的比例比较稳定，在 2020 年完成精准脱贫任
务时，比例大幅增加，2020 年有 70% 的低收入家庭的收入中包括了低保补贴。

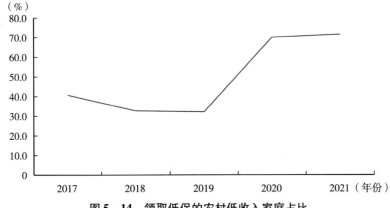

图 5 - 14　领取低保的农村低收入家庭占比

四、实证结果分析

由上面的数据能够直观地看出低保政策补贴的广泛性。是否领取低保对家庭收入的影响会有多大差别呢？这正是政策效应评估的目的。农村低收入家庭是否成为财政转移政策支付的目标家庭是一个随机行为或随机的分配结果，但是在实际中，农村低收入家庭的个体家庭特征、所在村整体发展状况、村民衍生的社会关系都会影响到是否得到低保政策补贴收入。因此，是否得到低保政策补贴收入并非纯粹的外生变量，而是一个内生虚拟变量，采用倾向得分匹配法（PSM）对这种选择偏差加以修正。

（一）PSM 实证结果分析

使用 Logit 模型获得倾向性得分值，农村低收入家庭在低保政策补贴决策的 Logit 模型估计结果如表 5 – 20 所示。

表 5 – 20 　　农村低收入家庭在低保政策补贴决策的 **Logit** 模型估计结果

变量	系数	标准差
家庭人口数（人）	0. 106 ***	0. 017
户主性别	− 0. 137 ***	0. 033
户主年龄（岁）	− 0. 085 ***	0. 007
户主年龄平方	0 ***	0
户主的受教育程度（年）	− 0. 047 ***	0. 006
健康状况（残疾）	1. 549 ***	0. 047
健康状况（长期慢性病）	0. 608 ***	0. 038
健康状况（患有大病）	0. 924 ***	0. 075
Log likelihood	− 2612. 169	
Pseudo R^2	0. 1809	
户数（户）	23353	

注：*** 、** 、* 分别表示在 1% 、5% 、10% 水平上显著。

农村低收入家庭的特征变量对低保政策补贴决策的影响在统计上都具有

1% 的显著性影响。其中，健康状况、家庭人口数对决策影响为正，低保政策补贴决策更倾向于健康状况不佳、家庭人口偏多的家庭。年龄的影响为负，但影响程度较小。户主的性别和受教育程度对决策有负向影响，表明农村低收入家庭能够发挥主观能动性提高收入，低保政策补贴决策就会考虑减少给予。

　　为保证匹配质量，在获得农村低收入家庭的低保政策补贴的倾向得分之后，对其匹配的共同支撑区域进行分析。共同支撑集是指这样一个集合：不妨设控制组观测值的倾向得分的取值范围为 $[p^u_{min}, p^u_{max}]$，设处理组观测值的倾向得分取值范围为 $[p^t_{min}, p^t_{max}]$，则共同支撑集内的任意观测值的倾向得分必须大于控制组和处理组最小倾向得分中较大的值，也必须小于最大倾向得分中较小的值。即进入共同支撑集的观测值必需位于如下区间内：

$$[max(p^u_{min}, p^t_{min}), min(p^u_{max}, p^t_{max})]$$

其中，p^u_{min} 是控制组倾向得分的最小值，p^u_{max} 是控制组倾向得分的最大值；p^t_{min} 是处理组倾向得分的最小值，p^t_{max} 是处理组倾向得分的最大值。图 5 – 15 是农村低收入家庭倾向得分匹配前后的密度函数图，很显然，和匹配前概率分布比较，经过匹配后，得到低保政策补贴的农村低收入家庭和控制组农村低收入家庭的倾向得分区间具有基本一致的重叠，这表明匹配效果较好，大多数观察值在共同取值范围内，满足倾向性得分匹配法所需要的平衡条件。

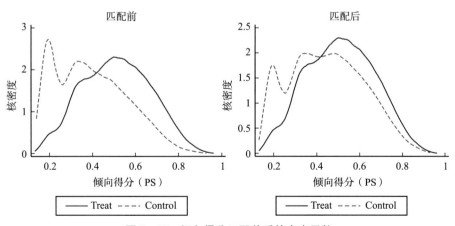

图 5 – 15　倾向得分匹配前后的密度函数

　　表 5 – 21 是倾向得分匹配前后协变量平衡性检验结果，可以看出，各种匹

配方法显著降低了处理组和控制组间协变量分布的差异，从而样本选择偏误大幅降低，倾向得分估计和样本匹配有效。

表 5 – 21　　　　　　　倾向得分匹配前后协变量平衡性检验结果

匹配方法	Ps R^2	LR 统计量	p > chi2	均值误差	中值误差
未匹配前	0.078	2496.85	0	23.6	20.5
核密度匹配	0.003	90.03	0	4.7	4.9
K 近邻匹配	0.006	184.22	0	6.6	6.4
卡尺匹配	0.003	88.66	0	4.4	4.0

根据倾向性得分匹配后，处理组的平均处理效应（ATT）用下面公式表示：

$$ATT = E\{E[y_{1i} \mid D_i = 1, P(x_i)] - E[y_{i0} \mid D_i = 0, P(x_i)] \mid D_i = 1\}$$

$$(5 - 23)$$

其中，D_i 为处理变量，意义如上所述；y_{1i} 表示第 i 个个体领取到低保补贴后的收入；y_{i0} 表示第 i 个农村低收入家庭未领取低保补贴的收入。倾向得分匹配法有很多种，表 5 – 22 给出最小近邻匹配法、半径匹配法、核匹配法和样条匹配的收入效应估计结果。

表 5 – 22　　　　　　　基于倾向性得分匹配法的 ATT 估计结果

匹配方法	处理组的平均处理效应 ATT	标准差	T 值
K 近邻匹配	0.152	0.006	23.68
半径匹配	0.15	0.006	25.81
核匹配	0.147	0.006	26.06
样条匹配	0.146	0.005	29.84

由表 5 – 22 可以看出，四种匹配方法的平均处理效应结果相差不大，农村低收入家庭领取低保补贴的收入比未领取低保补贴的收入约高出 15%，而且都具有 1% 的显著性水平，最大的差距是 K 近邻匹配和样条匹配的估计效应，分别为 15.2% 和 14.6%。综合来看，领取低保补贴能够有效提高农村低收入

家庭的收入效应达到 15% 左右，显示出农村低保政策的民生保障功能。

（二）组群的异质性分析

户主作为家庭的决策者，其自身特征在一定程度上决定着家庭的生产生活水平。低保政策往往会考虑农户的户主性别、年龄和受教育程度等。因此，本书根据实地调研情况对户主的性别、年龄和文化程度进行分组，为今后共同富裕中继续实施低保的相关政策提供理论依据。限于篇幅，仅用核匹配的 PSM 匹配结果来分析组群差异对农村低收入家庭收入的影响，分组回归的 ATT 估计结果如表 5－23 所示。

表 5－23　　　　　　　　　　分组回归的 ATT 估计结果

	分组　处理组的平均处理效应	标准差	T 值	样本量
匹配方法核匹配	男性户主	0.107	0.007	14.76	15849
	女性户主	0.207	0.009	23.71	7522
	初中及以上程度	0.043	0.023	1.9	2568
	小学程度	0.155	0.006	26.76	20785
	年龄大于等于 60 岁	0.186	0.006	31.67	18038
	年龄大于 40 岁小于 60 岁	－0.021	0.018	－1.18	4527
	年龄小于等于 40 岁	－0.046	0.049	－0.94	788

表 5－23 中的回归结果显示，在组群效应中，男性户主和女性户主的 ATT 值都在 1% 的统计水平上正向显著，女性户主的获得效应明显更高。在户主的受教育水平层面，户主文化程度在小学及以下的在 1% 的显著性水平正向影响家庭收入，初中以上文化程度的影响较小，且只有 10% 的显著性水平。户主年龄在 60 岁及以上的农村低收入家庭在 1% 的统计水平上正向显著。户主年龄小于 60 岁时，影响为负且不显著。总体上来看，户主年龄在 60 岁及以上的组群占低收入家庭的比例较大，他们也成为低保补贴的主要领取群体。

但是倾向性得分匹配法是否很好地纠正了 OLS 估计结果的选择偏差问题，下面采用双重差分倾向得分匹配（PSM－DID）来过滤掉不可观测因素的作用。

（三）双重差分倾向得分匹配（PSM – DID）计算结果

在农村低收入家庭共同富裕的获得效应中，收入的增加不仅受到低保补贴的影响，也受到其他不可测变量的影响，因此，使用双重差分倾向得分匹配（PSM – DID）分析低保补贴的增收效应。

通过图 5 – 14 可知，2017～2019 年的每年领取低保补贴的家庭占所有低收入家庭的比例为 30%～40%，2020 年和 2021 年比例都达到了 70%。设定 2019 年为初始年，代表精准扶贫时期的情况，2021 年为实验年，共同富裕的开局之年，得到了两期的 Panel 数据，使用 PSM – DID 来实证分析低保对农村低收入家庭的增收效应，表 5 – 24 为低保补贴双重差分倾向得分匹配回归结果。处理组为 2019 年的非低保领取家庭，2021 年为低保领取家庭，共有 826户，控制组为 2019 年和 2021 年的非低保领取家庭，共有 3080 户，包括 6280人。所有的样本数据为 3906 户，由于统计要求，自动剔除了一些户的数据，最后有效样本数为 3896 户。

表 5 – 24　　　　　低保政策补贴双重差分倾向得分匹配回归结果

		匹配前		匹配后		双重差分结果
		处理组	对照组	处理组	对照组	
db	lnsr	8.541	8.598	9.305	9.063	
		– 0.057 *** (0.013)		0.241 *** (0.016)		0.298 *** (0.021)
Pseudo R²		0.27				
样本量		3896				

注：圆括号内为标准差，*** 、** 、* 分别表示在 1% 、5% 、10% 水平上显著。

从表 5 – 24 估计结果看，领取低保补贴对收入增加的效果是 29.8%，比表 5 – 22 的估计结果影响程度更大，说明排除了不可测因素的影响后，低保补贴对低收入家庭的增收效应是增加的。进一步验证双重差分倾向得分匹配法（PSM – DID）在对应这个数据集使用的可行性，对协变量在控制组和处理组的分布进行察看。表 5 – 25 为农村低收入家庭的协变量在控制组和处理组的分布，可以看出进行匹配后，主要的协变量的均值在处理组和控制组之间不存在显著差异，因此适用双重差分倾向得分匹配法（PSM – DID）。

表 5 – 25　　　　农村低收入家庭的协变量在控制组和处理组的分布

变量	控制组的平均值	处理组的平均值	Pr(| T | > | t |)
家庭人口数（人）	1.69	1.715	0.503
户主性别	0.634	0.647	0.499
户主年龄（岁）	72.278	71.824	0.367
户主的受教育程度（年）	3.008	3	0.932
健康状况（残疾）	0.172	0.188	0.291
健康状况（长期慢性病）	0.661	0.635	0.178
健康状况（患有大病）	0.056	0.054	0.872
户数（户）	3896		

五、结论和建议

农村低保政策是国家社会保障支出的重要部分，领取低保补贴对家庭生活的改善具有很大的影响。建档立卡的农村低收入家庭和一般家庭相比，贫困程度更重，低保补贴给这些家庭带来的获得感更强。从回归结果来看，领取低保补贴对农村低收入家庭增收具有15%的正向效应，剔除不可观测量的影响，增收效应更加明显，达到29.8%。由此可见农村低保补贴对农村低收入家庭脱贫的重要性，稳定提高低保补贴水平成为农村低收入家庭实现阶段式共同富裕一个重要着力点。

首先，完善农村低保动态调整机制，不断提高农村低保补贴标准。让低保补贴真正保障到农村低收入家庭，这是实施低保政策的基础。可以从两方面下功夫，一方面，能够精准识别低保政策的目标家庭，这是低保动态调整的目的；另一方面，低保补贴能够实现稳定增长，保证农村低收入家庭能够得到足额补贴，缩小和一般农村家庭的收入差距从而增加低收入家庭的消费支出，提高生活质量。

其次，丰富农村低保资金来源，推动"三次分配"进入低保资源筹集区域。通过相关政策，鼓励社会资本积极参与公益慈善事业，这在客观上会起到第三次分配的作用。随着企业不断发展壮大和更多的人富起来，加上国家激励政策的完善，公益慈善事业将会迎来快速发展。

最后，以乡村振兴为契机，因地制宜地发展乡镇经济，完善农村低收入家庭生产、就业帮扶政策和村镇补贴力度，为农村低收入家庭建立稳定和多元的收入来源，保障农村低收入家庭实现共同富裕。

第六章

农村低收入家庭可持续性收入增加的效应评估

如何衡量农村低收入家庭的总体获得感？需要对农村低收入家庭可持续性收入增加的效应进行评估，本章尝试从以下三个方面进行分析，第一，随着农村低收入家庭收入的增加，脱贫程度越稳固，脱贫的效率也越高。本章建立农村低收入家庭脱贫的稳固程度和可持续性收入恒量的两个指标：脱贫稳固程度和劳动收入。基于实际工作需要，对稳固程度和劳动收入进行定义和解释，重点关注增收不稳固的贫困家庭，以此估计脱贫效率。第二，对农村低收入家庭信息数据进行全面量化梳理，建立实证模型重点分析农村低收入家庭劳动收入对脱贫稳固程度的影响。第三，比较经济发展水平不同的县区之间的脱贫效果差异，用不同范围的样本来检验扶贫政策实施效果，从而更好地理解精准扶贫政策，为农村低收入家庭增收可持续提供借鉴思路。

对农村低收入家庭的收入与农村家庭的人均消费支出水平进行比较分析，可以对农村低收入家庭的脱贫稳固程度有较为符合实际的判断。表6－1为近几年L市当地农村居民的人均可支配收入和消费水平，还有贫困群众的脱贫收入参考标准。

表6－1　　　　　　　　农村居民和贫困群众的人均收入

年度	2014	2015	2016	2017	2018
农村低收入家庭人均脱贫标准（元）	3322	3372	3402	3730	3730
农村居民人均可支配收入（元）	11629	10828	11646	12613	13638
农村居民人均消费支出（元）	6803	6697	7364	8024	8698

注：2014年统计口径为农民人均纯收入和人均生活消费性支出。
资料来源：L市历年政府工作报告。

由表 6 – 1 中可以看出，农村低收入家庭人均脱贫标准占当地人均可支配收入的比例不足 1/3，占当地人均消费支出的比例不足 1/2。为了更好地体现精准扶贫政策对农村低收入家庭收入增加的影响力，用当年人均可支配收入除以上一年度人均可支配收入的收入比率来表达增收稳固的程度。Weibull 分布来求解脱贫稳固程度，作为被解释变量，分布的概率密度函数和累积分布用函数分别为：

$$f(x) = \begin{cases} \dfrac{k}{\lambda}\left(\dfrac{x}{\lambda}\right)^{k-1} e^{-\left(\frac{x}{\lambda}\right)^k} & x \geq 0 \\ 0 & x \leq 0 \end{cases} \qquad (6-1)$$

$$F(x) = \begin{cases} 1 - e^{-\left(\frac{x}{\lambda}\right)^k} & x \geq 0 \\ 0 & x \leq 0 \end{cases} \qquad (6-2)$$

其中，x 是随机变量，λ > 0 是尺度参数（scale parameter），决定分布密度曲线的基本形状，k > 0 是形状参数（shape parameter），起放大或缩小曲线的作用，但不影响分布的形状。显然，它的累积分布函数是扩展的指数分布函数，当 k = 1 时，它是指数分布；当 k = 2 时，是瑞利分布（Rayleigh distribution），Weibull 分布是可靠性分析和寿命检验的理论基础，k > 1 时，在创新扩散的背景下，代表积极的口碑。上述 Weibull 分布为两参数的，加上位置参数就构成三参数的分布，这里使用二参数 Weibull 分布。

均值（mean） $E = \lambda\Gamma\left(1 + \dfrac{1}{K}\right)$ $\qquad$ Γ 是伽马函数。

方差（variance） $var = \lambda^2\left[\Gamma\left(1 + \dfrac{2}{k}\right) - \Gamma\left(1 + \dfrac{1}{k}\right)^2\right]$ $\qquad (6-3)$

评估农村低收入家庭精准增收稳固程度的实证分析分为两个阶段，第一个阶段是从发展程度不同的县区内的农村低收入家庭数据随机选择样本，比较在相同脱贫政策影响下，经济发展状况不同的地区差异性和相似性；第二阶段是扩大研究对象和数据范围，检验数据更新后劳动收入对脱贫增收稳固程度的影响是否依然显著，结论是否相同，以此更好地验证精准扶贫政策对农村低收入家庭增收的帮扶效应。

第一节　经济发展程度不同的县区扶贫效果比较

一、农村低收入家庭的收入及其特征变量分析

结合实际工作，本章研究对象是经过前期精准识别的建档立卡的扶贫重点市 L 市下辖的 L 县的 kk 镇和 G 区的 mch 镇和 lc 街道的农村低收入家庭。通过多次入户走访，G 区内的镇的经济程度较为富裕，农村低收入家庭较少，扶贫任务相对较轻；L 县内的镇，发展相对落后，属于扶贫重点乡镇，扶贫任务较重。样本选择有两个特点：首先，两个区域的发展程度不同。比较 L 县和 G 区在相同的扶贫政策指导下的扶贫效率，从而对扶贫政策地区性差异更好地把握；其次，两个区域的农村低收入家庭脱贫阶段不同。G 区内农村低收入家庭随机选择 561 户，截至 2016 年末全部脱贫，处于巩固提升阶段（每年会有新识别的农村低收入家庭）；L 县内农村低收入家庭随机选择为 955 户，截至 2017 年，L 县内的乡镇还有 30% 的农村低收入家庭没有脱贫（每年会有新识别的农村低收入家庭），共计 1516 户。

核心解释变量是劳动收入，它是农村低收入家庭脱贫内生动力的重要体现。劳动收入是实施扶贫政策后，农村低收入家庭增加的可持续性收入，包括工资收入、项目分配收益、金融扶贫收益等，劳动收入体现的是收入扶贫、消费扶贫和资本扶贫的三者结合。收入扶贫是收入中的"加"，扶贫措施中包括千方百计为农村低收入家庭找到收入，如在社会企业的帮助下，提供各种各样的公益岗位，农村低收入家庭通过提供劳动得到工资收入；消费扶贫是收入中的"减"，为农村低收入家庭支出提供补贴，比如，每月补助一定的电费，乡镇卫生院的报销比例提高到 95% 等，这些举措减少了农村低收入家庭支出，从而变相提高了收入；资产扶贫是基于农村低收入家庭没有资产或者资产很少的基础上，通过各级政府投入到村，从而增加村集体的资产。农村低收入家庭从这些资本收益中得到相应的分配收入，比如前面所说的产业项目收益分配和金融信贷收益分配。低保收入、基础养老保险金等国家转移性收入在这里不纳入劳动收入。根据农村低收入家庭的个体差异，全面分析这些因素对农村低收入家庭脱贫稳固程度的影响。

表 6-2 为农村低收入家庭的人口学基本特征描述。农村低收入家庭的扶贫前和扶贫中的收入差距不是很大，是因为扶贫前的收入包括了基本养老金，而在 2016 年末不能作为扶贫收入计算范围，它代表了农村低收入家庭此时的初始收入禀赋，所以没有把 60 岁（含 60 岁）以上人口的基础养老金收入剔除。农村低收入家庭户主的平均年龄都超过 60 岁，因此增加了插花村扶贫任务的困难程度。从农村低收入家庭种类来看，低保户和一般农村低收入家庭居多，G 区低保户所占比例超过 70%，L 县所在乡镇一般农村低收入家庭较多，整体脱贫任务重。家庭人口在 1 人和 2 人的家庭最多，说明现在的农村低收入家庭大多和子女分户，独居或老两口居住。从身体状况来看，非健康农村低收入家庭数量多，说明身体原因对于致贫有很大的影响。农村低收入家庭的户主男性居多，且受教育年限偏少，总体平均 3.66 年。

表 6-2　　　　　　　　农村低收入家庭的人口学基本特征描述

变量名	变量定义和说明	G 区内农村低收入家庭		L 县内农村低收入家庭		全样本农村低收入家庭	
		平均值	标准差	平均值	标准差	平均值	标准差
初始收入 x_1	扶贫前收入（元）	3535.24	746.23	2709.10	931.03	3014.13	954.46
劳动收入 x	扶贫中的劳动收入（元）	3410.07	2312.43	3388.93	1826.52	3403.34	2032.11
贫困类型							
低保户 d_1	低保户为1，否则为0	0.71	0.45	0.39	0.49	0.51	0.50
五保户 d_2	五保户为1，否则为0	0.01	0.07	0.00	0.06	0.00	0.06
一般农村低收入家庭	不属于低保和五保的建档立卡农村低收入家庭						
性别 gender	户主为男性取值为1，否则为0	0.66	0.47	0.82	0.39	0.76	0.43
年龄 age	农村低收入家庭户主实际年龄（岁）	66.46	15.67	63.83	14.85	64.80	15.20
教育 edu	农村低收入家庭户主的受教育年限（年）	3.27	3.19	3.89	2.94	3.66	3.05
家庭规模 size	家庭人口数	1.60	0.83	1.88	0.79	1.78	0.81

续表

变量名	变量定义和说明	G区内农村低收入家庭		L县内农村低收入家庭		全样本农村低收入家庭	
		平均值	标准差	平均值	标准差	平均值	标准差
身体状况							
健康	没有明显疾病和残疾						
残疾 a_1	残疾为1，否则为0	0.22	0.42	0.13	0.33	0.16	0.37
患病 a_2	有大病和慢性病为1，否则为0	0.64	0.48	0.42	0.49	0.50	0.50
样本量		559		955		1514	

注：（1）农村低收入家庭的个体特征以户主为准，基于农村以家庭为单位脱贫，家庭以户主的决策为主。（2）农村低收入家庭类型以一般农村低收入家庭为基组，身体状况以健康为基组。

农村低收入家庭户主平均年龄已超过65岁，各年龄段占总体的比例如图6-1所示。G区内的低收入家庭户主年龄小于60岁的数量明显比L县要少，大于60岁的数量比L县缓慢增多；随着年龄增长，农村低收入家庭致贫可能性增加。

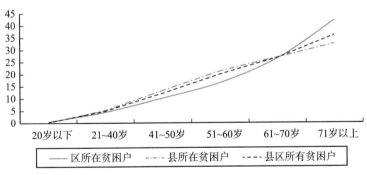

图6-1 农村低收入家庭的户主的年龄分布

二、精准扶贫效率的实证分析

（一）脱贫稳固程度定义

由于农村低收入家庭自身因素的差异性，农村低收入家庭脱贫稳固程度具体而言包括其个体特点和脱贫能力。在脱贫过程中，按人按户精准施策，各项扶贫措施的开展都是为了农村低收入家庭的收入增加，尤其是农村低收入家庭发挥劳动主观能动性后劳动收入的增加。劳动收入可以有效解决农村低收入家庭脱贫中"等、靠、要"的心理，加强脱贫的"自力更生"，从而更容易杜绝"躺在墙角晒太阳"的懒惰问题。扶贫中坚持的原则：农村低收入家庭能自己脱贫的一定要鼓励自己脱贫，绝不"越俎代庖"，尽最大力量减少兜底扶贫人数，增加扶贫的效率和可持续性。

弗里格等和埃里克等（Friege et al., 2016；Eric et al., 2002）使用两参数的 Weibull 分布分析房主对于居住房子的墙体是否实施保温措施时，分为实施了墙体保温和未实施墙体保温的两个群体，计算房主对墙体隔热保温的态度（从 0 到 1 越来越正向）。借鉴该方法，把它用于农村低收入家庭脱贫稳固程度的计算。收入在脱贫标准附近的农村低收入家庭、收入在扶贫前后的收入变化不大时具有相对高的返贫可能性，用扶贫政策实施前后的收入比率作为脱贫稳固程度的度量（脱贫政策前的收入是减去基础养老金的收入，和政策实施后的收入统计一致）。收入比率越高说明精准扶贫政策实施后对农村低收入家庭的影响程度就越大，分布参数 k > 1，代表政策的积极影响程度，从而决定脱贫稳固程度，其中，稳固程度范围在 0 ~ 1，0 是不稳固，1 是稳固。

通过把收入比率数据代入函数，用 R 软件模拟确定参数 λ 和 k。其中，G 区内乡镇农村低收入家庭收入数据得到 λ = 2.1762，k = 1.6163；L 县内乡镇农村低收入家庭收入数据得到 λ = 3.126，k = 1.4986；全部收入数据得到 λ = 2.7714，k = 1.4933。从分布函数的值中寻找不同的阈值，比如取 0.4 或 0.5，大于该阈值定义为 1，表示脱贫稳固；小于该阈值定义为 0，表示脱贫不稳固，累计分布函数值是模型中被解释变量的值。根据扶贫村的实际情况，选择本地区稳定脱贫的阈值。Weibull 分布的累积分布函数如图 6 - 2 所示。

图 6 - 2 中最上面曲线是 G 区的农村低收入家庭的 Weibull 函数，下面曲线是 L 县的农村低收入家庭的 Weibull 函数，中间曲线是总体农村低收入家庭的 Weibull 函数。在 0.4 附近，曲线开始分化。L 县的农村低收入家庭的累积分布函数在下面，说明 L 县内农村低收入家庭的收入变化曲线要陡峭，受扶贫政策影响比 G 区内的农村低收入家庭要强烈。

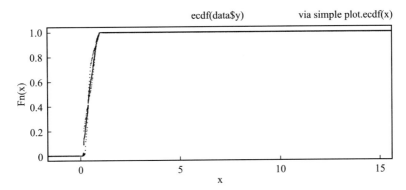

图 6 - 2 农村低收入家庭的收入比率的 **Weibull** 分布函数（区域）

（二）二元 Logistic 离散选择模型构建

对第 i 个农村低收入家庭观测，其概率密度函数根据二元 Logistic 离散选择模型为

$$f(y_i \mid x_i, \ \beta) = \begin{cases} \Lambda(x_i'\beta), \ 若 \ y_i = 1 \\ 1 - \Lambda(x_i'\beta), \ 若 \ y_i = 0 \end{cases} \quad (6-4)$$

可以写为

$$f(y_i \mid x_i, \ \beta) = [\Lambda(x_i'\beta)]^{y_i} [1 - \Lambda(x_i'\beta)]^{1-y_i} \quad (6-5)$$

则整个样本的对数似然函数为

$$\ln L(\beta \mid y, x) = \sum_{i=1}^{n} y_i \ln[\Lambda(x_i'\beta)] + \sum_{i=1}^{n} (1 - y_i) \ln[1 - \Lambda(x_i'\beta)] \quad (6-6)$$

可以用数值计算的方法来求解这个非线性最大化问题。

所构建的样本回归模型为

$$y_{it} = \beta_0 + \beta_1 x_{it} + \beta_2 x_{it-1} + \beta_3 \, household_{it} + \varepsilon_{it} \quad (6-7)$$

其中，i 代表农村低收入家庭个体，t 和 t - 1 代表脱贫过程中两个阶段，变量 x_t 为农村低收入家庭 t 时期劳动所得收入，x_{t-1} 为农村低收入家庭的初始收入水平，household 为农村低收入家庭个体水平相关变量，包括农村低收入家庭户主的年龄、年龄的平方、性别、家庭规模、农村低收入家庭的种类、健康状况等，如表 6 - 2 所示。d_1 为低保户，d_2 为五保户，基础类是一般农村低收入家庭；a_1 为是残疾，a_2 是患病，基础类是健康；tp 是农村低收入家庭 2017 年是否脱贫的虚拟变量，基础类是脱贫；ε_i 为随机干扰项。

用逻辑分布（logistic distribution）的累积分布函数：

$$P(y = 1 \mid x) = F(x, \ \beta) = \Lambda(x'\beta) = \frac{\exp(x'\beta)}{1 + \exp(x'\beta)} \qquad (6-8)$$

$$1 - p = P(y = 0 \mid x) = \frac{1}{1 + \exp(x'\beta)} \qquad (6-9)$$

概率比的公式：$\frac{P}{1-p}$ 表示脱贫的概率除以未脱贫概率的比值，如果值为 2，意味着脱贫的概率是未脱贫概率的两倍，可以反映低收入家庭的增收状况。

取对数公式如下：

$$\ln\left(\frac{P}{1-P}\right) = x'\beta \qquad (6-10)$$

即其中的一个 x_j 增加一单位引起概率比增加 $100\hat{\beta}_j\%$，以此确定回归系数的经济意义。

（三）模型回归结果分析

基于实际情况分析，Weibull 分布的累积分布函数值的阈值取 0.4。对县区两组数据进行对比分析，使用普通标准误、稳健标准误和以年龄为聚类变量的聚类稳健标准误进行分析估计，所得估计结果一致。回归估计结果如表 6-3 所示。

表 6-3　　农村低收入家庭增收稳固程度的 OLS 和 Logit 估计结果

变量	OLS 估计			Logit 估计		
	县区样本 (1)	L 县样本 (2)	G 区样本 (3)	县区样本 (4)	L 县样本 (5)	G 区样本 (6)
x	0.00007 *** (0.000005)	0.00011 *** (0.000007)	0.00006 *** (0.000007)	0.0018 *** (0.0001)	0.003 *** (0.0003)	0.002 *** (0.00025)
x_{t-1}	0.00025 *** (0.000009)	0.00035 *** (0.000012)	-0.00018 *** (0.00002)	-0.003 *** (0.00019)	0.005 *** (0.0006)	0.0025 *** (0.0004)
tp	0.125 *** (0.021)	0.01 (0.022)	0.183 *** (0.050)	1.13 *** (0.290)	0.753 (0.535)	0.685 (0.620)

续表

变量	OLS 估计			Logit 估计		
	县区样本 (1)	L 县样本 (2)	G 区样本 (3)	县区样本 (4)	L 县样本 (5)	G 区样本 (6)
d_1	0.237 *** (0.021)	0.190 *** (0.026)	0.342 *** (0.037)	4.90 *** (0.460)	5.506 *** (0.739)	6.235 *** (0.731)
d_2	0.406 *** (0.13)	0.490 *** (0.148)	0.357 ** (0.21)	9.052 *** (0.997)	0 (omitted)	9.148 *** (1.419)
a_1	0.070 *** (0.027)	0.091 *** (0.029)	− 0.07 (0.055)	1.057 *** (0.292)	1.535 *** (0.550)	− 0.410 (0.459)
a_2	0.107 *** (0.021)	0.080 *** (0.022)	− 0.035 (0.047)	0.947 *** (0.276)	1.140 *** (0.473)	− 0.449 (0.424)
gender	− 0.015 (0.021)	0.040 ** (0.023)	− 0.023 (0.034)	− 0.465 ** (0.267)	0.362 (0.466)	− 0.593 ** (0.343)
age	− 0.0017 (0.003)	0.0045 (0.004)	− 0.016 *** (0.005)	− 0.076 (0.078)	0.118 (0.149)	− 0.219 (0.155)
age^2	0.00012 *** (0.00003)	0.00004 (0.00003)	0.0002 *** (0.00004)	0.002 *** (0.0007)	0.0007 (0.0012)	0.003 *** (0.001)
size	− 0.0013 (0.011)	− 0.0018 (0.012)	0.008 (0.02)	− 0.009 (0.126)	0.035 (0.221)	0.0348 (0.184)
R^2	0.5881	0.7376	0.4679			
Log likelihood Value				− 320.063	− 117.148	− 143.657
样本数	1514	955	559	1514	952	559

注：***、**、* 分别表示在1%、5%、10%的水平上显著；括号内的数值是标准差。

从表6-2中总体样本和分样本看，劳动收入水平 x 对脱贫稳固程度呈显著正向影响，初始收入水平 x_{t-1} 对脱贫稳固程度呈显著负向影响。在二元离散选择模型中，tp 在全部样本中，以1%的显著性水平影响收入增加，县区分样本不显著。说明整体上要求脱贫的目标实现是非常重要的。作为个体，农村低收入家庭并不会关注具体的脱贫收入标准。低保户 d_1 对脱贫稳固程度呈现显著正向影响，由于五保户 d_2 在县样本中数量太少，仅仅有3户，故被忽略，说明低保收入对农村低收入家庭脱贫增收意义重大。a_1，a_2 在区样本中不显著，但在全部样本和县样本中显著，且在 1% 的显著性水平下正向影响脱贫。性别在县样本中不显著，由于县样本中农村低收入家庭的女性户主所占比例较小，在总样本和区样本中较为显著，是负向影响，说明女性户主家庭是帮扶时重点扶贫对象。年龄的平方的影响更为显著，说明贫困随年龄增加有上升趋势；在达到一定年龄时，年龄对增收是正向影响，此时收入相对稳定，脱贫较为稳固，帮扶政策发挥了兜底效应。家庭规模影响不显著。

　　进一步把被解释变量换成概率比进行回归，求解公式（6-10）中的 $\hat{\beta}_j$，并求解所有解释变量的平均边际效应和回归系数 $\hat{\beta}_j$ 进行比较，其结果如表 6-4 所示。

表 6-4　　农村低收入家庭增收稳固程度概率比和平均边际效应估计结果

变量	概率比			平均边际效应		
	县区样本（1）	县样本（2）	区样本（3）	县区样本（4）	县样本（5）	区样本（6）
x	1.002 ***（0.00016）	1.003 ***（0.0003）	1.002 ***（0.0003）	0.00011 ***（0.000008）	0.00009 ***（0.000008）	0.00016 ***（0.000015）
x_{t-1}	0.997 ***（0.0002）	0.995 ***（0.0005）	0.997 ***（0.0003）	0.00019 ***（0.000005）	0.00019 ***（0.000011）	0.00020 ***（0.000019）
tp	3.107 ***（0.924）	2.123（1.09）	1.984（1.081）	0.0727 ***（0.019）	0.027（0.018）	0.054（0.043）
d_1	134.141 ***（59.218）	246.32 ***（193.16）	510.177 ***（375.392）	0.314 ***（0.022）	0.197 ***（0.023）	0.495 ***（0.038）
d_2	8536.508 ***（28638.76）	1（omitted）	9398.128 ***（28627.85）	0.58 ***（0.213）	0（omitted）	0.727 ***（0.233）
a_1	2.879 ***（0.95）	4.640 ***（2.753）	0.664（0.363）	0.068 ***（0.021）	0.055 ***（0.021）	-0.033（0.043）
a_2	2.579 ***（0.70）	3.128 ***（1.409）	0.639（0.321）	0.061 ***（0.017）	0.041 ***（0.016）	-0.036（0.04）

续表

变量	概率比			平均边际效应		
	县区样本（1）	县样本（2）	区样本（3）	县区样本（4）	县样本（5）	区样本（6）
gender	0.628** (0.160)	1.436 (0.639)	0.553** (0.210)	−0.03** (0.016)	0.013 (0.016)	−0.047** (0.028)
age	0.927** (0.042)	1.126 (0.131)	0.803*** (0.061)	−0.0049** (0.003)	0.0042 (0.004)	−0.017 (0.006)
age^2	1.00*** (0.0004)	1 (0.0009)	1.003*** (0.0007)	0.0001*** (0.00002)	0.00003 (0.00003)	0.0002*** (0.00005)
size	0.99 (0.133)	1.035 (0.215)	1.035 (0.207)	−0.0006 (0.009)	0.0012 (0.007)	0.0028 (0.016)
Log likelihood Value	−320.063	−117.148	−143.657	−320.063	−117.148	−143.657
样本数	1514	952	559	1514	952	559

注：*** 、** 、* 分别表示在 1%、5%、10% 的水平上显著；括号内的数值是标准差。

从表 6-3 中可以看出，在给定其他变量的情况下，劳动收入每增加 1 元，农村低收入家庭的脱贫稳固程度概率比会增加超过 0.2%；低保户和五保户稳固的概率比是一般农村低收入家庭的百倍甚至千倍；身体状况非健康的农村低收入家庭稳固的概率比高出身体健康的农村低收入家庭的 2.5 倍多，说明帮扶政策开始实施时，对内生脱贫能力弱的家庭进行了兜底，增收比较稳定；有良好的脱贫能力的家庭的帮扶措施周期较长，2017 年时还没有显出效果，随着政策逐渐落实，这些家庭在 2018～2020 年逐渐脱贫甚至致富；初始收入、年龄、性别的回归系数在接近 1 的水平，这些变量增加一单位引起概率比增加为 0。观测每个变量的平均边际效应值，其中 x、x_{t-1}、age、age^2 自变量增量趋于零时，被解释变量的增量非常小；d_1、d_2、a_1、a_2、tp、gender 是虚拟变量，其平均边际效应表示为：

$$\frac{\partial E(y \mid x)}{\partial d} = Prob(Y=1 \mid \bar{x}_{(d)}, \ d=1) - Prob(Y=1 \mid \bar{x}_{(d)}, \ d=0)$$

$$(6-11)$$

其中，$\bar{x}_{(d)}$ 表示除虚拟变量 d 之外所有其他变量的样本均值。也就是说虚拟变量在 1～0 之间变化，被解释变量的增量变化分别为 0.314、0.58、0.068、0.061、0.0727、－0.03，变化较为突出，影响至少在 5% 的显著性水平上显著。

（1）从估计结果来看，变量影响有正向和负向。从变量之间的影响程度比较来看，农村低收入家庭的类型 d_1、d_2 的影响作用较大，L 县和 G 区的低保户 2017 年每人每年的低保收入平均是 2040 元，根据 L 县和 G 区的 2017 年低收入家庭数据分析，在经济较发达的 G 区，低保户在农村低收入家庭中所占的比率达到 70% 多，在经济欠发达的 L 县也有 30% 多的比率，所以国家的财政投入对于脱贫起着非常重要的作用。2017 年，农村低收入家庭劳动收入 x 对增收的影响为 0.2%，在 1% 的水平下显著，参数值较小。在脱贫攻坚初始阶段，农村低收入家庭内生脱贫的潜力还没有很好地发挥出来，国家的政策和资金投入效果还没有很好的显现。"星星之火，可以燎原"，劳动收入增加带来的稳固程度的增加效果是非常好的，挖掘有能力自主脱贫的农村低收入家庭的需求，制定精准政策非常重要。

（2）地区的经济发展程度影响贫困程度和脱贫效率。经济较好的 G 地区，劳动机会较多，平均收入水平会大于经济欠发达的 L 县，因此农村低收入家庭的数量相对少，大都因为身体原因无劳动能力，比重达到 80% 多，所以健康状况影响不显著。而在经济欠发达的 L 县，农村低收入家庭的数量多，一般农村低收入家庭数量多，劳动就业机会少，健康状况影响显著。通过经济发展程度不一样的县区进行比较，综合来看，L 县要面临更加困难的脱贫任务。

（3）五保户保障对脱贫稳固程度的重要作用。从表 6－3 中可以看出区样本中 3 个五保户对于 559 的样本量具有一定的影响，而对 955 的样本量，其影响微乎其微，所以软件自动省略处理，但在发挥影响作用时，其参数值在 1% 的水平下显著，概率比又非常高，说明国家对五保户的财政投入对其脱贫稳固程度是非常重要的，各地方政府根据自己的情况给予适当的服务配套。

第二节　精准扶贫政策整体的扶贫效果评估

一、扶贫信息的内容更新说明

随着扶贫实践工作开展，扶贫信息（包括优惠政策、农村低收入家庭的个体特征、产业项目分配收益等内容）逐渐更新，建档立卡的农村低收入家庭的个体特征更真实地反映出来。2018 年，农村低收入家庭根据实际情况分为脱贫（不享受政策）、脱贫（享受政策）、未脱贫三类，而 2017 年农村低收入家庭只有脱贫和未脱贫两类；基于现实因病返贫和因病致贫的比率较高，身体状况从原来的三类增加至现在的四类，包括健康、残疾、长期慢性病、大病，其中三类疾病作为解释变量。当数据范围扩展到更多的乡镇村、数据的真实性得到更好的保障时，对农村低收入家庭脱贫稳固程度继续进行评估，采用二元离散 Logistic 选择模型评估劳动收入对脱贫稳固程度的影响。

二、农村低收入家庭的收入和相关变量分析

农村低收入家庭的数据来自 L 市内四个乡镇分别为 L 县的 kk 镇、lz 镇和 G 区的 mch 镇、lx 街道，共计 6753 户、12787 人，其中包括 2016 年、2017 年两年的收入数据。按照前面的思路，把全体样本数据代入，利用两年的收入比作为 Weibull 分布的 x 值，可以得到 $\lambda = 1.579956$，$k = 2.215349$，和 $[0，1]$ 区间的分布值，累积函数分布值取 0.4 的阈值，检验精准扶贫政策实施后对农村低收入家庭收入增加的效应，称为脱贫稳固程度。脱贫稳固和脱贫不稳固两类，1 代表稳固，0 代表不稳固。核心解释变量仍然是劳动收入，为精准扶贫政策实施后的可持续性收入，并取对数值。包括农村低收入家庭的工资收入、财产性收入、经营性收入、扶贫政策的分配收益等，不包括低保收入和五保收入。以农村低收入家庭分类角度，相当于以一般农村低收入家庭的收入来源作为参考，根据当地生活水平划定，取值 0.4 为标准。对四个乡镇农村低收入家庭的个体特征描述性统计如表 6 – 5 所示。

表 6 – 5　　　　　　四个乡镇农村低收入家庭的个体特征描述性统计

变量	变量解释	均值	标准差	最小值	最大值
wb	农村低收入家庭的脱贫稳固程度值	0.492	0.500	0	1
lb_ln	政策实施后的可持续性收入对数值	8.342	0.504	5	11
age	年龄	66.256	14.386	6	102
gender	性别（男 = 1，女 = 0）	0.726	0.446	0	1
edu	受教育程度	3.705	2.561	1	13

续表

变量	变量解释	均值	标准差	最小值	最大值
size	家庭人口数	1.894	0.968	1	7
h_1	残疾	0.143	0.350	0	1
h_2	长期慢性病	0.542	0.498	0	1
h_3	患有大病	0.022	0.147	0	1
$tplx_1$	脱贫（享受政策）	0.838	0.368	0	1
$tplx_2$	未脱贫	0.009	0.094	0	1
lx_1	低保户	0.382	0.486	0	1
lx_2	五保户	0.009	0.093	0	1
样本数		6753			

由表 6-4 中可以看出，脱贫稳固程度以 0.4 为界时，平均值达到 0.49，说明农村低收入家庭的脱贫平均水平已达到标准，要对收入偏下的人群提高脱贫稳固程度；核心变量是 lb_ln，代表农村低收入家庭在精准扶贫政策实施后的一年中得到的可持续性收入的对数，可持续性收入可以较为准确地表达政策实施后，自主脱贫的内生动力。农村低收入家庭户主的年龄平均超过 66 岁，自主增加收入能力较弱。受教育程度不高、家庭人口少也是普遍现象。身体的状况为健康的农村低收入家庭占比不到 1/3，2/3 以上的农村低收入家庭都有身体疾病，为政策实施增加了难度。样本中 84% 的农村低收入家庭都需要扶贫政策支持，凸显了扶贫政策持续的重要性，也为脱贫后的稳固保持增加了难度。低保户和五保户占比到 40%，一般农户的比例为 60%，这也要求扶贫政策的多样化，按需施策。为了更直观地了解农村低收入家庭的个体状况，农村低收入家庭的年龄分布如图 6-3 所示。

由图 6-3 可以看出，61~70 岁的农村低收入家庭占比最高，为 26.77%，平均年龄超过 65 岁，达到 65.58 岁；每个年龄段的平均年龄缓慢提高，相差在 10 岁左右，分别为 33.1 岁、46.27 岁、55.81 岁、65.58 岁、75.36 岁、85.61 岁。

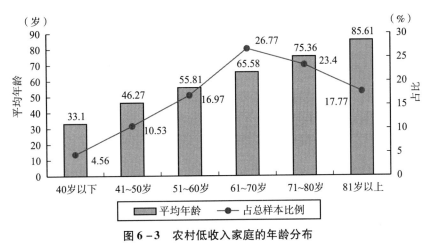

图 6-3 农村低收入家庭的年龄分布

三、建立模型估计劳动收入的影响

经过二元离散 Logistic 选择模型估计，其估计结果如表 6-6 所示。

表 6-6　　　　　农村低收入家庭增收稳固程度的 Logit 估计结果

变量名	系数值	标准差	平均边际效应	概率比
lb_ln	4.526 ***	0.135	0.762	92.404
age	− 0.025	0.015	− 0.0042	0.975
age^2	0.000 **	0	0	1
gender	0.118	0.073	0.02	1.125
edu	− 0.034 **	0.014	− 0.0057	0.967
size	0.138 ***	0.038	0.023	1.148
h_1	0.467 ***	0.104	0.079	1.595
h_2	0.238 ***	0.077	0.04	1.268
h_3	− 0.078	0.228	− 0.013	0.925
$tplx_1$	0.214 **	0.088	0.036	1.238
$tplx_2$	1.876 ***	0.362	0.316	6.526

续表

变量名	系数值	标准差	平均边际效应	概率比
lx_1	2.610***	0.104	0.44	13.6
lx_2	7.472***	0.706	1.259	1757.727
样本数	6753			
Pseudo R^2	0.269			
Log pseudolikelihood	-3420.956			

注：***、**、*分别表示在1%、5%、10%的水平上显著；括号内的数值是标准差。

从表6-6的结果来看，扶贫政策实施的收入增加效应是显著的，在1%的水平上正向影响脱贫稳固程度，收入每增加1%，脱贫稳固程度增加4.53个单位，概率比增加90多倍；年龄对稳固程度先是随年龄增长而负向影响，到了一定的年龄时，又正向影响稳固程度，说明年龄大的群体得到了较多的关注，脱贫效果良好；受教育程度不高对脱贫稳固程度呈负向影响；家庭人口在1%的水平上正向影响脱贫稳固程度；残疾和长期慢性病都是显著正向影响，大病情况虽不显著，但是呈负向影响，符合实际情况。残疾和慢性病可以通过帮扶政策得到良好的效果，但是大病致贫程度更深，必须实施更加有针对性的政策，保障农村低收入家庭脱贫。脱贫类型分别在5%、1%的水平上正向影响稳固程度；农村低收入家庭的类型也具有1%的水平正向影响稳固程度，说明前面的结论此时依然成立，充分显示国家针对低保户和五保户的保障政策对脱贫稳固意义重大，从概率比来看，五保户的生活在国家政策下得到了较好的保障。

接着进行分样本回归，根据年龄分组，60岁及以上农村低收入家庭和60岁以下农村低收入家庭各为一组，两组样本以农村养老保险为标准划分，大年龄组的贫困群体得到农村基础养老保险金，小年龄组群体没有农村基本养老保险金。其Weibull分布的参数值分别：小于60岁数据样本的$\lambda = 1.754773$，$k = 2.000997$；大于和等于60岁数据样本的$\lambda = 1.502164$，$k = 2.432901$。全样本和分样本的Weibull累积函数分布如图6-4所示。

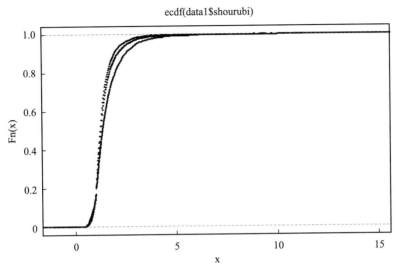

图 6 - 4　农村低收入家庭的收入比率的 **Weibull** 分布函数（年龄）

在图 6 - 4 中，拐弯处最下面的曲线是年龄小于 60 岁的农村低收入家庭群体的累积分布函数值，最上面的曲线是年龄大于等于 60 岁农村低收入家庭群体的累积分布函数值，中间的曲线是全体数据的累积分布函数值。累积分布函数值在 0.4 附近开始分化，60 岁以下的群体的值比 60 岁以上的数值变化更陡峭，表明扶贫政策实施过程中，收入变化较明显，自主脱贫效果显著。

依据年龄分组后，其政策实施对脱贫稳固程度的影响估计结果如表 6 - 7 所示。

表 6 - 7　　　　　　　　　年龄分组样本农村低收入家庭的估计结果

变量名	大于等于 60 岁样本			小于 60 岁样本		
	系数值	标准差	概率比	系数值	标准差	概率比
lb_ln	5.009 ***	0.161	149.685	3.847 ***	0.195	46.843
age	0.137 **	0.069	1.147	0.011	0.053	1.011
age^2	- 0.001 *	0	1	0	0.001	1
gender	0.049	0.087	1.05	0.282 *	0.16	1.326
edu	0.022	0.016	0.978	- 0.049 *	0.025	0.952

变量名	大于等于 60 岁样本			小于 60 岁样本		
	系数值	标准差	概率比	系数值	标准差	概率比
size	0.166 ***	0.054	1.18	0.111 **	0.05	1.118
h_1	0.402 ***	0.131	1.5	0.386 **	0.17	1.472
h_2	0.112	0.098	1.119	0.306 **	0.137	1.358
h_3	-0.268	0.259	0.765	0.217	0.419	1.242
$tplx_1$	0.113	0.119	1.12	0.278 **	0.131	1.321
$tplx_2$	1.658 ***	0.412	5.247	2.273 ***	0.633	9.705
lx_1	2.883 ***	0.118	17.86	2.114 ***	0.194	8.279
lx_2	8.163 ***	0.515	3507.569	0	1	忽略
样本量	4762			1991		
Pseudo R^2	0.278			0.249		
Log likelihood	-2372.3			-1025.1		

注: *** 、 ** 、 * 分别表示在 1% 、 5% 、 10% 水平上显著。

表 6 - 7 显示,和全样本估计结果相比较,核心变量扶贫政策效应的年均可持续性收入在两组分样本中都是在 1% 的显著性水平上,收入每提高 1%,脱贫稳固程度增加分别为 5 个单位和 3.85 个单位。显示出政策良好的脱贫帮扶效应,从概率比来看,其帮扶程度的效果高出 46.843 倍甚至 149.685 倍。大于等于 60 岁样本中,年龄的影响为正,且在 5% 的水平上显著,小于 60 岁的年龄群体则没有显著性。年龄的平方的系数为负,且在 10% 的水平上显著,小于 60 岁的年龄群体则没有显著性。对于年龄较大的农村低收入家庭,随着年龄增长,脱贫稳固程度升高,但是存在拐点,在拐点处又会下降;性别因素只在较小年龄样本组中表现出 10% 的显著性,实际情况是年龄小的群体在男性户主的带领下有自主脱贫的动机;受教育程度整体来讲偏低,没有对脱贫显示出较好效果;家庭人口在分组样本中都在 1% 的水平上显著,因为扶贫实施中,根据人口数量进行收益分配;身体状况为残疾的农村低收入家庭得到了收入分配,较好地保障了他们的生活。较小年龄群体慢性病导致家庭贫困的,增收帮扶效果显著;脱贫(享受政策)的农村低收入家庭的脱贫稳固程度良好,未脱贫家庭,一般是新识别家庭,在优惠政策帮扶下快速改变贫困状态;低保

户和五保户在分组样本和整体样本情况一致（小于60岁群体中的五保户数量少，回归时自动省略），显示出低保户和五保户在国家政策下稳定达到了"两不愁三保障"的水平。

四、动态阈值下的政策帮扶效果变化分析

Weibull 累积分布函数值在上面所述中，取阈值为0.4，当大于0.4时，农村低收入家庭的脱贫稳固程度定义为1；当小于0.4时，脱贫稳固程度定义为0。用二元离散 Logistic 选择模型进行估计，评估扶贫政策带来的收入对农村低收入家庭脱贫的效应。阈值的取值是根据当地的生活水平和函数分布图做出的主观决定，那么不同的阈值是不是会产生不同的脱贫效应呢？把作为门槛的阈值进行动态取值，来看看 lb_ln 核心变量的系数值和概率比的变化。

由表6-8可以看出，对全体样本进行估计，其系数和概率比随着阈值的增加，先增加后减少，在阈值等于0.5时达到最大值，然后下降。随着脱贫攻坚战的全面胜利，可以把脱贫标准阈值提高到0.5，这样帮扶政策在同样的条件下可以实现更大的脱贫稳固程度效应。

表6-8　　　　　不同阈值门槛的政策帮扶可持续性收入的估计结果

	系数值	标准差	概率比	脱贫分布门槛
lb_ln	5.635***	0.187	280.192	0.6 阈值
	5.780***	0.177	323.648	0.55 阈值
	5.880***	0.152	357.680	0.5 阈值
	4.526***	0.135	92.404	0.4 阈值
	4.093***	0.146	59.892	0.35 阈值
	2.407***	0.142	11.105	0.3 阈值

注：***、**、*分别表示在1%、5%、10%的水平上显著。

五、结论与政策建议

首先，脱贫攻坚任务已胜利完成，共同富裕征程开始展开。基于1514户农村低收入家庭数据，运用二元 Logistic 离散选择模型，以脱贫稳固程度作为衡量标准，劳动收入作为核心变量实证考察扶贫效率。然后，扩大农村低收入

家庭样本，以 6753 户农村低收入家庭进行验证。模型估计结果表明还需要继续加大政策措施力度，激励农村低收入家庭共同富裕内在动力，对确实无法自主实现共同富裕的家庭进行兜底。

其次，政府在精准扶贫中，大力激发农村低收入家庭自主脱贫的内生动力。在扶贫过程中，要大力扶持有劳动能力的农村低收入家庭自主脱贫，增加劳动收入。农村低收入家庭的收入虽然显著增加，但对脱贫稳固程度的影响不大；从概率比来看，劳动收入带来的影响是非常大的，收入增加 1%，脱贫稳固程度显著增加。在扶贫过程中，一是要注重引导贫困群众树立"宁愿苦干，决不苦熬"的观念，增强致富主动性，以脱贫致富的典型人物事迹引导贫困群众，脱贫内化于心；二是要在可持续发展的基础上进行贫困村建设，让贫困地区群众走"生产发展、生活富裕、生态良好"的文明发展之路，全面提升基础设施改造和创业环境，以此加强贫困地区经济社会发展的支撑能力，为贫困群众的脱贫打造良好的外部环境；三是开发式扶贫不可或缺，做好项目扶贫，做大村集体经济，引导群众就近就业，增强劳动致富的荣誉感，脱贫外化于行；四是要拿出"绣花"精神，细致研究群众后续发展问题，根据农村低收入家庭的脱贫需求，具体到户到人，让群众学技术、找门路，要把群众增收作为脱贫攻坚的第一要务，稳定脱贫效果。

再次，落实好"两不愁三保障"的扶贫要求，"两不愁三保障"涵盖了贫困群众生活的方方面面，要根据前期精准识别的工作，依据致贫原因，实施分类脱贫措施。有能力劳动的农村低收入家庭就要鼓励劳动致富，没有劳动能力的要做好老弱病残群众的兜底扶贫工作，不让一户贫困群众落下。需要持续做好精准管理工作，确保脱贫成效稳固，让群众对生活充满信心。

最后，地方政府应该根据实际情况努力提高脱贫的收入标准，满足农村低收入家庭的生存需求增长期望，不要拘泥于国家标准或者省级标准，标准只是一个最低要求，面对人民群众日益增长的物质文化需要，农村低收入家庭的生活需求也在提高。

第七章

研究结论与展望

第一节　脱贫案例

　　L市的精准扶贫故事已经画上了圆满的句号，共同富裕的征程正在热烈地展开，农村低收入家庭更加美好的生活徐徐开启。不论是从政府角度还是从农村低收入家庭视角，精准扶贫政策为农村低收入家庭的脱贫致富发挥着重要作用。从多维扶贫角度出发的农村低收入家庭增收效应来看，精准扶贫显示出正向效果。可以从一个年轻的残疾青年脱贫的案例，对L市的扶贫有形象的认识。

　　H是L市一名建档立卡农村低收入者。2008年，20岁的H在打工中出现意外事故，不幸失去了右臂。风华正茂的H变得自暴自弃，将自己关进小屋，拒绝跟任何人交流。母亲每次都是将饭送到卧室门口，等他吃完后再悄悄将碗筷收回。他将门关上，也封闭了自己，这样封闭的状态持续了9年。H是家中唯一的儿子，也是父母唯一的期望，父母因为儿子的事情，心情低落，家庭生活越过越差。2016年，派驻乡村第一书记W了解这一情况后，多次去H家里给他做工作。W只能站在门外和门内的H隔门沟通，从开始时单向劝说到双向交流，终于有一天，H打开了门，走了出来。在第一书记的帮助下，用金融扶贫小额贷款作为前期资金支持，加盟了一家水饺店，用自己的实际行动改变了命运。

　　想到自己还不到30岁，就戴上农村低收入家庭这顶"帽子"，H暗下决心："就算我只有一只手，也要尽快摘掉头上农村低收入家庭的'帽子'，拔

149

掉穷根!"2017年3月,H加盟的水饺店开业,从选址到装修,从选材到宣传,H边学边干。"每一碗水饺我都要自己亲自下,妈妈做我不放心。"H说,"因为只有一只左手干活不方便,一天下来,胳膊疼得吃饭都拿不起筷子。"嘴里说着自己的辛苦,脸上却总是洋溢着自信的笑容。水饺店还参加美团网上外卖,店内经营加外卖,小店生意越来越红火。2017年底,H来到村委,主动提出不再享受低保,也不再享受任何农村低收入家庭补助,他成为L市下辖G区第一个主动提出不再享受扶贫政策的农村低收入家庭。小店每天销售额在1200元左右,H也走出了心理的阴影,精神物质双重脱贫致富。谈到未来的打算,他自信满满,并且2018年结婚了,新娘是一名漂亮的护士。这是精准扶贫工作中,非常鼓舞大家的脱贫案例,让扶贫工作人员和包括H在内的贫困群众都感受到了希望。

H的脱贫不是个案,代表了很多遭遇过重大挫折而陷入贫困,又可以通过努力脱贫的贫困人群。脱贫过程中,有第一书记的鼓励支持,有金融信贷的资金落地帮扶,贫困群众通过参与市场自主脱贫,精准扶贫政策综合发力显示出可喜效果。精准扶贫开始实施以来,利用大量的人力物力投入农村反贫困中,扶贫工作也取得显著成效。在此背景下,本书首先在梳理了国内外反贫困治理的相关文献的基础上,对反贫困治理的历史、理论和实践方法以及成效有了较多的认识;其次,构建了帮扶政策对农村低收入家庭收入增加的经济理论和数理分析框架。农村低收入家庭的收入增加来自三次分配,初次分配增加了劳动在收入中的比重;再分配增加了国家对处于弱势地位的贫困人群的转移支付,而且转移类型包括直接满足某些条件的救济性收益、确权到村的资产收益等;三次分配来自社会扶贫各种各样的捐赠。借助宏观经济模型分析农村低收入家庭收入增加后的消费、信贷、投资的变化,为农村低收入家庭收入的可持续性增加寻找内生动力。再次,根据工作实践,实证分析帮扶政策对农村低收入家庭收入增加的因果影响关系,帮扶政策主要包括派驻乡村第一书记的干部扶贫、财政专项扶贫资金的产业扶贫和金融信贷扶贫、财政惠民支出的新农保和低保,实证评估帮扶政策对农村低收入家庭脱贫稳固程度的效应。根据上述展现与剖析后,得出了具体的结论,提出了优化建议。最后,任何一种分析理论都会有其不足之处,本书也是如此,在最后一节会提出精准扶贫政策评估和共同富裕实践研究存在的不足以及局限之处。

第二节　研究的主要发现和结论

从中国宏观治理扶贫开始到着眼 L 市的精准扶贫和共同富裕实践以乡（镇）为中心直至村落，又不局限于乡（镇），还包括县（区）扶贫情况比较。在精准扶贫政策的实施基础上，研究对象为贫困村和建档立卡的农村低收入家庭，论述收入、消费和资产三者的扶贫综合作用，分析帮扶政策对农村低收入家庭收入的增加效应，评估扶贫政策，更好地服务共同富裕的开展。

第一，中国的扶贫治理不同于欧美发达国家的"去国家化，靠市场力量，福利综合政策"为主要方法的反贫困战略，而是在国家的主导下，各级政府是指挥扶贫的领导角色。在精准扶贫的实施中，政府的行政力量发挥着最为关键的影响作用。改革开放以来，中国一共进行了五个扶贫历史阶段，各阶段特点鲜明，第一阶段为 1978～1985 年体制改革和经济高速增长背景下治理贫困，第二阶段为 1986～1993 年通过政府主导下的开发式扶贫阶段，第三阶段为1994～2000 年连片区域实行开发式扶贫阶段，第四阶段为 2000～2010 年开发式扶贫和保护式扶贫共同作用的综合扶贫治理阶段，第五阶段为 2010～2020年的精准扶贫阶段，未来阶段为共同富裕阶段。从每个阶段的特点来看，中国的扶贫治理在整体上具有连续性，下一个阶段是从上一阶段总结发展而来，政府始终是扶贫治理的指导力量。扶贫对象越来越精确，从最初的连片治理贫困到贫困县、贫困村，最后精确到户到人，再到实现阶段式的共同富裕，农村低收入家庭的生产生活也在跨越式地改善。

第二，精准扶贫不仅仅是行政管理问题，还成为各级政府一项重要的政治任务。在 2020 年完成贫困人口全部脱贫的时限压力下，扶贫已经打破各部门的职责界限，更多的力量投入脱贫攻坚的任务中，结对帮扶、派驻乡村第一书记等政策让党员干部纷纷从上到下来到了贫困村和农村低收入家庭中，与村干部一起共同完成扶贫任务，实现党建和扶贫的耦合性治理效果。实践来看，大多数扶贫干部显示出良好的素质，走访调研，对帮扶村、帮扶的农村低收入家庭知根知底，做到千方百计助其脱贫。

第三，财政专项扶贫资金作为精准扶贫的关键力量，主要用作扶贫产业项目和金融信贷，其在共同富裕阶段仍可以持续性地发挥作用。虽然资金在运行过程中会出现一些问题，首先，资金投入瞄准精度存在偏差。资金投入目标瞄准机制包括资金投向、地区、人群和项目等，系统开展的复杂性很高。贫困人群受自身弱势条件限制，缺乏积极主动申请的意愿和动力；政府以政治意图为准，单方面决定扶贫资金投入去向，后续管理又跟不上，会出现帮扶目标偏离贫困人群现象，从而农村低收入家庭得不到帮扶、没有增收。其次，多层级政府、多部门的资金管理机制缺乏有效整合。资金实际运行中，多部门会根据各自部门规章来运行，致使协调成本较高，难以形成合力，缺乏工作效率。最后，专项资金的使用效率较低，可持续性不高。一方面，农村低收入家庭的资金使用率低，即使得到资金可以使用，但是可能由于项目缺乏市场竞争力，一旦出现风险，低收入人群损失严重，挫伤了农村低收入家庭的脱贫积极性；另一方面，政府对资金使用也存在一定的盲目性，又没有相应的绩效考核，仅依托各种企业，而企业经营和市场高度相关，存在着巨大的资金使用风险。财政扶贫资金投入已经成为确权到村集体的资产，带来的各种收益成为贫困群众的主要收入来源，需要保障相应的稳定收益，从而促进低收入人群的收入可持续。因此，财政专项扶贫资金的收益对于农村低收入家庭的脱贫效果非常重要，在共同富裕阶段的作用依然在持续。

第五，经过评估发现，国家财政惠民支出对农村低收入家庭的共同富裕影响非常显著，在共同富裕阶段，成为收入分配的重要抓手。如何实现国家现有投入资源形成的资产保值增值？如何保障贫困群众的收入来源多样化，把低收入群众的资源（土地、生态、技能等）进行财产化提高财产性收入。这都是在相对贫困时代和实现共同富裕阶段需要注意的问题。

2021 年脱贫攻坚取得了伟大成功，农村低收入家庭的生产生活跨越绝对贫困，迈入新的发展阶段。中国的精准扶贫与脱贫攻坚显示出良好效果，为世界的反贫困治理提供了借鉴，贡献了中国的方案和经验。

第三节　促进共同富裕的运行机制的相关建议

第一，注重增长与分配的辩证关系。宏观层面，从整个经济循环的角度来看，单纯追求经济总量的增加并不能消除贫困。首先，收入分配既是经济增长的结果，又是决定未来经济增长的关键因素。适当的收入差距可以调动劳动者的积极性，有利于经济增长，但过大的收入差距不仅不会促进经济增长，还会阻碍经济增长。发展经济学研究表明，经济增长不是摆脱贫困的充分条件，只是必要条件。因此，有必要关注增长与分配之间的争论，调整分配关系，不断增加低收入者的收入，调整过度收入，取缔非法收入。坚持居民收入与经济增长同步增长，劳动报酬与劳动生产率同步提高，拓宽贫困人群劳动收入和财产收入渠道，实现益贫式增长。其次，今后，在进一步探索经济增长反贫困效应的同时，应更加重视收入分配问题，防止收入分配进一步恶化。从不同收入来源对总收入不平等的贡献来看，工资收入的贡献最高，其次是经营性收入、转移收入和财产收入（江克忠等，2017）。从收入来源出发，本着治理贫困的目标，对于自主脱贫的贫困人群，未来要加大对贫困家庭工资性收入增长的支持力度，创造条件促使贫困家庭经营性收入持续增长；对于无法自主脱贫的贫困人群，政府对贫困家庭兜底补贴的力度非常重要，也要通过资产积累的方式提高他们面临贫困的缓解能力，从而最大可能减少贫困人群的返贫，这也是共同富裕的目标所在。

第二，分阶段实现共同富裕，人民生活水平和质量全面提高。因此，经济总量的增加并不意味着全面建成小康社会，必须注重优化分配结构，缩小城乡、地区和社会群体之间的收入差距，使收入分配更合理、更有序，积极推动东部地区资源向贫困地区流动，发挥市场作用，吸引更多社会资源参与贫困治理，也要加强同发展中国家和国际机构在减贫领域的交流合作，在国际减贫领域积极作为。

第三，改善人力资源的素质，提高扶贫质量，减少返贫，降低新识别贫困人口数量，为贫困人口的内生减少做好基础性工作。现代经济学认为提高人力资本主要体现在教育、健康等方面。继续加快教育现代化，推进城乡义务教育一体化发展，普及高中义务教育，督促绝大多数新型城乡劳动力接受高中阶段教育和高等教育。完善国民健康政策，努力为人民群众提供全方位全周期健康服务。在具体的贫困人口脱贫方面，要抓好贫困家庭孩子的基础教育和贫困人口的职业教育、成人教育，提高贫困人口的劳动技能，消除"等、靠、要"的亚贫困文化。提高财政资金使用的人力资源水平，人力资源水平的提高不仅可以提高劳动生产率，也是劳动者增收的重要途径。财政扶贫资金和项目运用不足的原因之一在于资金所涉主体的能力和素质有限，一方面通过财政扶贫资金支持职业教育和技术培训，提升贫困人群的基本素质；另一方面提升基层扶贫干部包括村干部的整体素质，能够帮助农村低收入家庭脱贫。

第四，兜底帮扶，保障低收入人群的生存。低收入人群因其各种各样的原因陷入贫困，当其无论怎样都无法摆脱贫困生存状态时，在此基础上发挥社会保障的兜底脱贫作用，加强贫困地区的医疗卫生和基本公共服务水平，实施健康扶贫工程。满足基本需求与真正解决贫困问题还有一定距离，需要制定长期的发展目标与规划。

第五，要站在历史节点上定位精准扶贫和精准脱贫，在乡村振兴战略背景下，实现农村低收入家庭的阶段式共同富裕。精准扶贫不仅仅是贫困人口的脱贫，已经与贫困地区的农村发展、社会建设联系起来，体现了更强的宏观性。在外源性动力投入后，要把累积的资本进一步结合农村内部资源优势，探索内生扶贫资源机制。要研究依托农村自然资源和文化资源优势的产业扶贫模式，从农村社会文化的特点出发，探讨农村社会资本的重构和农村合作组织模式的构建。利用农村"熟人社会"的人际网络，探讨农村金融的内生化模式。在乡村振兴战略中，推动城镇现代化，实现公共服务一体化。在乡村振兴、城乡深度融合的基础上更好地惠及低收入人群，让低收入家庭在共同富裕的道路上谱写新的篇章。

第四节　研究不足和展望

由于理论水平有限，受篇幅和所处基层扶贫工作的平台站位限制，本书的研究不足与展望，在此做出说明。

本书的研究不足有以下几点：

第一，基于数据搜集的有限性，研究区域为 L 市，不能很好地反映整个国家扶贫宏观情况；研究数据局限于市内的几千户、上万人，这就使得本书的关注点具有很明显的区域特征，缺乏市级及以上的视角来研究扶贫问题。

第二，贫困群众在帮扶政策的作用下收入增加的效应涉及多维贫困视角，本书只研究了收入和消费、资产三者减贫的增收效应，脱贫稳固程度的量化也是根据收入增加情况确定的，缺少对各地区具体贫困原因的深入探讨。

第三，虽然借助 Ramsey 模型在理论上讨论了农村低收入家庭收入增加后的消费、家庭信贷、投资问题，但是实证分析默认了其收入全部消费的前提，没有涉及收入增加后的信贷、投资问题。

研究展望具体有以下几点：

第一，研究对象可以扩展到更高层级，随着研究层级向上转移，可能会呈现出更具有宏观性的结论。在未来可以扩大数据范围，从更宏观的角度来进行研究。

第二，最大的集体收入来源——土地的承包收益以及由此衍生的入股收益等近几年在城镇化的推进中水涨船高，有些村集体的经济状况能够承担全村普惠性福利供给（比如农村合作医疗保险全部或部分代缴、节日福利等），出现了资源分配的难题，农村基层组织需适应新变化，这对村干部和村组织提出提高人力资源水平的要求。在未来可以对此方面进行研究。

第三，农村低收入家庭的共同富裕是比脱贫更高标准的全方位改善。在收入方面，研究方向拓展至初次分配、再分配、三次分配协调配套对低收入家庭的共同富裕的助力路径；乡村振兴战略下，如何进一步发挥农村低收入家庭的内生动力，实现比脱贫阶段收入更高部分自给等新时期新条件下的方式方法，这些都是很值得研究的问题。

附录一　××镇困难人口 2019 年度收入测算表

（计算周期 2018.10.1～2019.9.30）汇总表

村名：×××　　　　　　　　　　　　　　　　　　日期：　　　　　　　　单位：元

户主姓名	家庭人口数	务工工资性收入	种植	养殖	粮食畜牧补贴及其他	生产经营性支出	土地房屋租赁收入	其他	计划生育补贴	五保金	养老保险	生态补偿（荒地补贴、失地保险等）	孝善养老补贴	社会养老金	产业项目收益帮扶	优抚金	90周岁以上老年补贴	迁离行动、贫困母亲补贴	残疾一、二级补助	低保中的残疾三、四级	孤儿补助	低保老年补贴	三无人员护理补贴	计生学生补助	雨露计划学生补助（以实际收取人为准）	农户生产贷贴息	其他收入（馈、养殖费、粮食直补等）	两禾愁三保障及饮水安全全增况	总收入（工资+生产经营收入+财产性收入+转移性收入+其他转移性收入+其他收入）	人均纯收入（总收入-生产经营性支出）/家庭人口数
	2				300				5924		2676		98.4	2200	1500				1020			720							14438.4	7219.2
	2								6164		3012	31920	98.4	2200	1500							720							45614.4	22807.2

附录二　J区关于选派第三批机关干部
到村任职第一书记的意见

索引号	00432464 - 3 - 1 - 02_H/2016 - 0916005	公开方式	主动公开	公开日期	2016 - 03 - 09
文号		发布机构	经开区管委会办公室	失效日期	
信息类别		公开范围	全社会		

为进一步巩固和深化全区第一书记工作成果，全面提升农村基层组织建设整体水平，按照中央和省、市委部署要求，决定从区级选派第三批机关干部到村（含居、农村社区，下同）任职第一书记。现提出如下意见。

一、指导思想

以邓小平理论、"三个代表"重要思想、科学发展观为指导，全面贯彻落实党的十八大和十八届三中、四中、五中全会精神，深入贯彻习近平总书记系列重要讲话精神，着眼于在全省引领标准、在全国创造经验，把选派第三批第一书记工作与助推精准扶贫精准脱贫、推进农村社区建设、深化结亲连心和加强街道党政领导班子建设紧密结合起来，引导和激励优秀党员干部在加强党建、发展农业、服务农民、繁荣农村的实践中提升能力、锤炼作风，力争经过两年努力，实现所有贫困村、农村低收入家庭精准脱贫，打造一批农村党建示范点、建成一批农村社区综合服务中心、实施一批民生民心工程、培养一批优秀党员干部，为全区经济社会发展作出新的更大贡献。

二、干部选派

(一) 第一书记工作大组长

1. 选派范围及数量。从区直工作部门中选派 3 名副科级及以上干部挂任街道党工委副书记、第一书记工作大组长。

2. 标准条件。坚持"信念坚定、为民服务、勤政务实、敢于担当、清正廉洁"的"好干部"标准，熟悉基层工作，优先考虑正科级干部或有过基层工作经历的优秀副科级干部。选派干部原则上 43 岁以下（1973 年 1 月 1 日以后出生）。

3. 选派程序。按照个人自愿报名、单位党组织等额推荐、组织部门审查遴选的程序确定选派人员。

(二) 第一书记

1. 选派范围及数量。从区级党政机关、事业单位和国有企业中选派 36 名。

2. 标准条件。坚持与培养使用后备干部、培养锻炼优秀年轻干部等工作相结合，重点选派政治素质高、综合能力强、思想作风好、培养潜力大、热心服务农村的党员后备干部。年龄以 45 岁以下干部为主体，原则上不超过 50 岁。

3. 选派程序。按照个人自愿报名、单位党组织推荐、组织部门审查的程序确定选派人员。

4. 任职安排。原则上第一书记每村 2 名，分别担任党组织第一书记、副书记，任期两年。重点派往省定贫困村和集体经济空壳村，实现省定贫困村全覆盖。在此基础上，结合实际，选派部分第一书记到有社区建设任务特别是综合服务中心建设任务的村。

三、主要职责任务

(一) 第一书记工作大组长

第一书记工作大组长对本级党工委选派第一书记工作负总责。主要职责任务如下：

1. 抓好管理服务。兼任第一书记临时党组织书记，开展思想政治工作，严格党内组织生活，加强日常管理，搭建学习交流和宣传平台，引导第一书记相互借鉴、共同提高。

2. 督促任务落实。定期召开例会，听取汇报，调度情况，部署工作。定期到第一书记任职村调研，帮助理清思路，指导制定规划计划，及时发现解决问题，督促抓好任务落实。加强与第一书记派出单位的沟通衔接，邀请派出单位负责同志现场办公、集中观摩，支持第一书记开展工作。

3. 协调政策落地。熟练掌握行业扶贫政策，主动加强与各级各行业扶贫部门和街道的联系协调，确保各类扶贫资金、项目按时足额到位。加强资金、项目监督管理，确保资金规范使用，产业项目顺利实施并取得实效。

4. 配合开展考核。及时了解掌握第一书记日常表现和工作情况，全面、客观、真实提供评价意见。

5. 完成上级选派第一书记工作办公室交办的其他任务。

（二）第一书记

第一书记为村党组织特设领导岗位，在街道党工委领导下，紧紧依靠村党组织，团结带领村"两委"成员开展工作。主要职责任务如下：

1. 抓党建促规范。紧紧围绕党建引领、规范运行，以建设基层服务型党组织为抓手，落实全面从严治党要求，配齐"两委"班子，建强骨干队伍，严肃组织生活，完善场所功能，健全管理制度，着力增强村党组织凝聚力和战斗力，力争任职村班子建设达到本街道中等以上水平。其中，到社区建设村任职的，任职村党组织书记要达到区农村党组织"示范书记"标准，社区班子建设位居全区上游水平。

2. 抓扶贫促增收。紧紧围绕精准扶贫、精准脱贫，坚持输血与造血相结合，指导任职村"两委"班子制定和实施精准脱贫计划，积极探索增收渠道，深化专项扶贫模式，组织落实产业项目，培植发展特色产业，着力壮大村集体经济、促进农民增收，力争任期期满时任职村新增年集体经营性收入 5 万元以上，贫困村实现"五通十有"（通路、通电、通水、通广播电视、通信息，有旱涝保收田、有致富项目、有办公房、有卫生室服务、有卫生保洁制度、有学前教育、有文化室和农家书屋、有健身场所、有良好生态环境、有就业保障措施），农村低收入家庭全部脱贫、实现"两不愁三保障"（不愁吃、不愁穿，义务教育、基本医疗和住房安全有保障），其他群众收入达到本街道农民人均纯收入水平。其中，到社区建设村任职的，要因地制宜建设产业园区，做优做强1~2个主导产业和特色产业，力争任期期满时任职村年集体经营性收入达到20万元以上，群众收入高于全区农民人均纯收入水平。

3. 抓服务促融合。紧紧围绕促进融合、提升服务，以实施农村社区服务中心建设三年行动计划为载体，指导任职村合理编制规划，统筹调动各方积极性，多渠道争取资金，积极稳妥推进农村社区特别是综合服务中心建设，为群众生产生活提供优质便捷的社会化服务，力争经过两年努力，建成5个左右面积达标、功能完善、运转规范的社区综合服务中心。其中，到社区建设村任职的，要全部完成建设任务。

4. 抓民生促和谐。紧紧围绕转变干部作风、增进与群众感情，以深化结亲连心工作为载体，普遍走访群众，广泛征集意见，多方争取支持，加大资金投入，积极实施惠民工程，解决群众最急最需最盼的水、电、路、医、学、乐等民生问题，着力改善群众生产生活条件，全面提升群众幸福指数。区级选派第一书记工作组每年投入基础设施建设资金分别不低于5万元。

5. 抓乡风促文明。紧紧围绕倡导新风尚、打造新生活，坚持"新型社区规范发展、一般村庄整治提升、特色村落保护发展"，大力实施城乡环境综合整治，广泛开展科普宣传、文艺演出和"好媳妇""好婆婆""好夫妻"评选等活动，引导农民群众积极转变生产生活方式，自觉践行文明新风，着力打造一批环境优美、科学健康、文明和谐的沂蒙美丽乡村。对到村任职满一年、综合表现突出的第一书记，经开发区党工委组织部统筹研究，可挂任街道党工委委员，协助抓本街道基层组织建设和"三农"工作。

四、管理考核

（一）任职培训。第一书记到岗前，开发区党工委组织部负责开展3天的岗前培训；任职期间，区选派第一书记工作办公室和扶贫、农业部门每年分别组织一次不少于2天的集中轮训，着力提高第一书记胜任工作的能力。涉及农村基层党建和"三农"工作的主体班次，要向第一书记适当分配名额。

（二）日常管理。任职期间，第一书记与派出单位工作完全脱钩，组织关系转至任职村，在村参加组织生活，在村食宿，每月在村工作时间不少于20个工作日。区选派第一书记工作办公室和第一书记工作大组长负责管理区派第一书记。区选派第一书记分别以街道为单位，成立临时党支部，加强自我管理。

（三）工作考核。开发区党工委组织部负责考核选派第一书记工作领导小组成员单位、第一书记派出单位和第一书记工作大组长，区选派第一书记工作办公室负责考核第一书记。对领导小组成员单位和派出单位的考核结果，计入单位党组织书记抓基层党建工作述职考核成绩，作为确定领导班子年度考核等次的重要参考；对任职干部的考核结果，作为选拔使用、晋升职级的重要依据，反馈派出单位，计入本人档案。其中，第一书记工作大组长和第一书记年度考核被评定为"优秀"等次的，不占所在派出单位优秀名额。

（四）政策待遇。第一书记工作大组长纳入街道党工委领导班子成员管理，参与集体领导，享受相关工作待遇。第一书记工作大组长任职期满考核称职（含合格，下同）以上等次、各方面条件成熟的，优先提拔使用，也可留任街道党政领导班子成员。

第一书记享受以下待遇：

1. 连续两年年度考核称职以上等次的，参加本单位中层干部竞争上岗，总成绩在个人综合得分的基础上增加5%；连续两年年度考核均为优秀等次的增加7%。加分政策只享受一次。

2. 任职期满考核称职以上等次、各方面条件成熟的，优先提拔使用，也可择优选拔进入街道党政领导班子。

3. 任职期间，开发区财政按照每人每年1万元的标准拨付办公经费，用于据实报销第一书记因任职工作产生的交通、食宿等费用。

4. 不实行竞争上岗的地方和单位，可参照上述规定制定相应的政策待遇。

五、组织领导

选派第三批第一书记工作，是开发区党工委贯彻中央、省委和市委部署要求，着眼全区经济社会发展大局，围绕打好扶贫攻坚硬仗作出的重要决策。各级务必高度重视，精心组织实施，确保取得实效。

一要加强组织领导。街道党工委和派出单位党组织要把开展第一书记工作作为落实管党治党责任的重要内容，列入重要议事日程，每半年至少听取1次工作汇报，研究推进措施；派出单位主要负责人作为"第一责任人"，要亲自抓部署、抓调度、抓落实，带头到第一书记任职村走访调研、现场办公、指导工作。其中，街道党工委书记每年到市、区派第一书记任职村至少调研 4 次；派出单位主要负责人每年至少到第一书记任职村现场办公 2 次。区选派第一书记工作领导小组办公室要进一步加强自身建设，按照不少于 4 人的要求，配齐配强专职人员，加强工作指导和督导。

二要凝聚工作合力。实行第一书记驻村帮扶、派出单位结对共建、行业部门联动扶贫、财政部门兜底保障、强村强企结对帮带"五位一体"工作机制。派出单位要发挥好指挥部、协调部、保障部作用，扶持第一书记开展工作，帮助解决实际问题。扶贫部门要坚持统筹规划、优先安排原则，加大整合力度，将每年度涉农项目资金向第一书记任职村倾斜。区财政部门按照区选派第一书记工作组每年分别不低于 5 万元的标准，拨付工作经费，重点扶持任职村调整产业结构、发展致富项目和改善基础设施建设。鼓励和引导强村、强企与第一书记任职村自愿结对帮带，通过投入资金、转移项目等方式，带动任职村发展，实现互利共赢。

三要强化示范引领。及时发现和总结第一书记扎根基层、为民服务、奉献农村的先进典型及行之有效的经验做法，培育一批第一书记工作示范点，搞好宣传推广，发挥示范引领作用，促进面上工作深入开展。

四要严格督查考核。继续落实督导调度、暗访抽查、观摩评比、期满考核等制度，对工作力度大、效果好、任职村面貌发生较大变化的派出单位和干部，任职期满后予以通报表扬和记功，落实相关政策待遇；对工作被动、未完成任务的，派出单位不脱钩，任职干部不撤回。

附录三　关于完善扶贫资金项目公告公示制度的指导意见

各省、自治区、直辖市和新疆生产建设兵团扶贫办、财政厅（局）：

现将《关于完善扶贫资金项目公告公示制度的指导意见》印发给你们，请结合实际贯彻落实。

国务院扶贫办　财政部

2018 年 4 月 16 日

关于完善扶贫资金项目公告公示制度的指导意见

按照《国务院办公厅关于推进社会公益事业建设领域政府信息公开的意见》（国办发〔2018〕10号）要求，为进一步加大信息公开力度，强化扶贫资金监管，解决一些地方扶贫资金使用管理不公开不透明，社会和群众不知晓、难监督等问题，现就完善扶贫资金项目公告公示制度提出以下意见。

一、指导思想

以习近平新时代中国特色社会主义思想为指导，全面贯彻党的十九大精神，坚持以人民为中心的发展思想，坚持精准扶贫精准脱贫基本方略，坚持全面从严治党，强化问题意识。以内容全面、方式灵活、社会知晓、便于监督为目标，完善扶贫资金项目公告公示制度，确保项目在阳光下管理，资金在阳光下运行，提高扶贫资金使用效益。

二、基本原则

——坚持主动、全面公告公示。除法律法规有禁止性规定的外，对涉及扶贫资金项目有关信息内容，应当主动予以公开，促进扶贫资金项目管理规范、落实落地，提高带贫减贫效果。

——坚持分级、分类公告公示。按照"谁分配、谁使用、谁公开"的原则，各级扶贫资金项目管理部门和项目实施单位要通过便于群众知晓、理解和监督的形式，按照扶贫资金项目安排实施的层级分别公开有关信息内容，接受社会和群众监督。

——坚持真实、及时公告公示。以便于社会和群众监督为导向，注重社会和群众关切，确保公开信息内容真实可靠，及时公告公示，提高扶贫资金使用和项目实施的透明度，提升社会和群众参与度。

三、公开内容

（一）财政专项扶贫资金分配结果。中央、省、市、县财政专项扶贫资金分配结果，予以公告。

（二）精准扶贫贷款安排使用情况。扶贫小额信贷的贷款对象、用途、额度、期限、利率等情况，予以公告。享受扶贫贴息贷款的企业、专业合作社等经营主体的名称、贷款额度、期限、贴息规模和带贫减贫机制等情况，要在实施前公示，实施后公告。

（三）行业扶贫相关财政资金和东西部扶贫协作财政援助资金使用情况。使用行业扶贫相关财政资金和东西部扶贫协作财政援助资金实施的项目，予以公告。公告内容主要包括项目名称、实施地点、资金规模、实施单位、带贫机制和绩效目标等。

（四）脱贫攻坚规划。经省、市、县各级政府批准实施的本地区脱贫攻坚规划，予以公告。

（五）县级脱贫攻坚项目库。纳入县级脱贫攻坚项目库的项目，按照《关于完善县级脱贫攻坚项目库建设的指导意见》（国开办发〔2018〕10号），实行村、乡、县三级公示。经县扶贫开发领导小组审定的脱贫攻坚项目库，予以公告。

（六）年度扶贫资金项目计划安排情况。年度县级扶贫资金项目计划或贫困县涉农资金统筹整合方案（含调整方案），经县扶贫开发领导小组批准后，予以公告；乡镇、村级在接到上级下达扶贫资金项目计划批复后，及时予以公告。

公告内容主要包括项目名称、实施地点、建设任务、补助标准、资金来源及规模、实施期限、实施单位及责任人和绩效目标、带贫减贫机制等。

（七）年度扶贫资金项目计划完成情况。年度终了，县、乡、村三级要分别对本级年度扶贫资金项目计划完成情况进行公告。公告内容主要包括项目建设完成、资金使用、绩效目标和减贫机制实现情况等。

（八）项目实施情况。项目管理单位或实施单位在项目实施前对项目实施方案进行公示，包括项目名称、资金来源、实施期限、绩效目标、实施单位及责任人、受益对象和带贫减贫机制等。

项目竣工后对项目实施情况进行公告，包括资金使用、项目实施结果、检查验收结果、绩效目标实现情况。

（九）受理方式和办理结果。公告公示单位、监督电话、通讯地址或电子邮箱。监督电话包括本单位的监督举报电话和12317监督举报电话。举报受理办理结果要公开。

四、公开方式

（一）中央、省级在扶贫、财政及相关部门门户网站公开，市、县级在本级政府门户网站公开。公告公示信息要保持长期公开状态。

（二）乡镇、村级和项目实施单位在乡镇政府、村委会或项目实施地等地利用固定的信息公开栏等进行公告公示。公告公示时间原则上不得少于10天。各地应利用信息卡、宣传单等经济合理的方式，确保产业项目公开渠道保持畅通，公开信息长期有效，公开内容随时可查。

（三）探索运用信息平台、政务新媒体、新闻媒体、手机短信、政务服务平台等多种载体和方式，创新公开方式，提升信息覆盖面、到达率，实现公开的扶贫资金项目信息可检索、可核查、可利用。

五、工作要求

（一）完善制度措施。各级扶贫、财政等部门要落实扶贫资金项目公告公示责任，加强工作指导，结合实际情况制定本级公告公示实施细则，明确公开的主体、内容、标准、方式、程序等，提高制度化、规范化、标准化水平。省市县公开网站网址报国务院扶贫办、财政部备案。

（二）增强公开实效。突出做好乡、村两级的公告公示，公告公示层级要下沉到自然村、到户。发挥好公告公示事前监督作用，提高公告公示效果。鼓励通过老百姓喜闻乐见的形式，加大对扶贫资金项目政策的解读和宣传，防止"一贴了之"，确保群众对公告公示看得到、看得懂、能监督。

（三）畅通举报渠道。公告公示单位对群众反映的有关扶贫资金项目的意见要严肃对待，建立举报问题台账，及时受理，认真核实，限时反馈调查结果和处理意见。充分发挥12317扶贫监督举报电话作用。做好相关舆情处置工作。

（四）加强监督评价。充分发挥驻村工作队、村务监督委员会、扶贫监督员等的监督作用，对项目选择、实施、后续管理和资金使用方面发现的问题要及时上报，共同推动落实扶贫资金项目公告公示工作。扶贫资金项目公告公示情况纳入扶贫领域作风问题专项治理内容和财政专项扶贫资金绩效评价，对发现问题不整改的严肃追究责任。

附录四 产业项目公告

现将＿＿＿＿＿＿＿县（乡镇、村）20＿＿年经县扶贫开发领导小组批准实施的产业项目予以公告，公告期为10天（＿＿年＿＿月＿＿日至＿＿年＿＿月＿＿日）。

公告单位：

监督电话：

通讯地址及电子邮箱：

附件：＿＿＿＿＿＿县（乡镇、村）20＿＿年项目

（项目公告单位）（盖章）

年　　月　　日

＿＿＿＿＿＿县（乡镇、村）20＿＿年项目

序号	项目名称	实施地点	实施期限	主要建设内容及补助标准	实施单位及责任人	资金规模及来源	农村低收入家庭参与方式及带贫减贫机制	绩效目标

项目实施情况公告

＿＿＿＿＿＿乡（镇）＿＿＿＿＿村20＿＿年实施的＿＿＿＿扶贫资金项目已竣工，现将有关情况予以公告，公告期为10天（＿＿年＿＿月＿＿日至＿＿年＿＿月＿＿日）。

公告单位：

监督电话：

通讯地址及电子邮箱：

附件：_____乡_____村20____年项目实施情况

（项目公告单位）（盖章）

年　　月　　日

_____乡_____村20____年项目实施情况

序号	项目名称	实施地点	项目实施结果	资金使用情况	检查验收结果	绩效目标实施情况

附录五　富民生产贷发放（贴息）公告

经_____县（市、区）扶贫办____年____月____日认定，现将已发放的富民生产贷（贴息）予以公告，公告期为__天（____年____月____日至____年____月____日）。

监督电话：

通讯地址及电子邮箱：

附件：富民生产贷发放（贴息）公告名单

（公告单位）（盖章）

年　　月　　日

富民生产贷发放（贴息）公告名单

经营主体名称：

经营地址：　　　　　　　　贷款期限：

贷款额度：　　　　　　　　贴息规模（元）：

带动贫困人口名单

姓名	住址	帮扶方式	帮扶标准 元/年	帮扶时间 年 月— 年 月	是否签订协议
合计					

注：本公告应于贷款发放后，在经营场所和带动贫困人口户籍所在地完成。帮扶方式包括稳定就业、稳定劳务、稳定增收。贷款发放、贴息应分别公告。

附录六　××镇农村低保动态调整工作明白纸

一、指导思想：加强农村低保与扶贫政策衔接，切实发挥低保在打赢脱贫攻坚战中的兜底保障作用。

二、基本原则：对不符合条件的低保对象坚决予以清退，工作内容工作内家内容做到应退尽退；对符合条件的人员及时纳入，做到应保尽保。

三、工作内容：（1）应退尽退。各村对现有的低保家庭进行逐户梳理核实，对生活水平明显高于低保标准和平时群众反映强烈的，因大病医疗支出型贫困纳入现已痊愈或收入好转的在保户，经村两委会研究民主评议予以清退（下达停发告知书）。（2）应保尽保。全面排查建档立卡农村低收入家庭（扶贫办提供底子）和重度残疾人，各类困境儿童，因伤、因病、因灾和其他原因致贫的家庭，重点考虑无生活来源、无劳动能力、无法定赡养或抚养人的人员，对符合政策的、做到应保尽保，及时纳入低保范围。农村低保原则上以户为单位保障，对低收入家庭、建档立卡农村低收入家庭当中的成年未婚无业重度残疾人、支出型贫困家庭患者。其共同生活的家庭成员处于低保边缘的。经个人申请，可按照单人户纳入低保。

四、时间安排及方法步骤：

从2020年2月26日开始，对全镇农村低保对象进行动态调整，至3月20日前结束。具体步骤如下：

1. 两委商议（3月1日前完成）。低保动态调整不受名额限制，应保尽保，应退则退。各村可先召开两委会议，酝酿出应保、应退的家庭名单（只因年龄偏大无劳动能力且子女家庭明显富裕的户排除在入口外）。

2. 民主评议（3月6日前完成）。根据村两委初步研究的应保、应退名单，工作区组织村两委成员、村民代表、党员代表进行民主评议。民主评议要有详细的评议记录、影像资料，所有参评人员应签字按手印，确认评议结果，1/2以上表决通过的方有效。

3. 张榜公示。评议结束后，将评议出的拟保障对象在公示栏公示，公示期7天，并注明监督电话，县民政局：5977125，镇民政办：13853933825，留存照片。公示样板如下：

××村二季度拟增加低保对象公示榜

户主姓名：　　　　　家庭人口：　　　　　保障人口：
监督电话：　　　　　县民政局：　　　　　镇民政办：

4. 整理材料（3月9日前完成）。各村收集拟保对象家庭成员身份证、户口本病历、残疾证复印件等相关证明材料和非共同生活的子女及其配偶的身份证复印件，并填写《审批表》上报镇民政办。

5. 入户调查（3月15日前完成）。镇民政办对各村上报的拟保障家庭会同工作区、村居、包村干部进行100%入户调查，填写《入户调查及收入评估表》和《家庭经济状况核查授权书》，并由调查对象和调查人共同签字（留存影像资料：房屋及室内照片），每组调查人员不少于两人。

6. 信息比对。对拟保障家庭共同生活的家庭成员与非共同生活的法定赡、抚养义务人身份证信息通过家庭经济状况核对机制—"智慧民政综合支撑平台"进行信息比对。

7. 审批公示。公示时间为7天。公示期满无异议的，从批准之日的下月起发放低保金。

五、政策落实。镇村干部、低保经办人员近亲属享受低保的进行单独登记填写低保备案表，严格执行村居按季度对在保人员在专用公示栏进行长期公示，加大群众监督力度。

六、相关政策：低保对象认定条件（摘自《山东省最低生活保障管理办法》）

第六条　认定低保对象的基本条件包括：户籍状况、家庭收入、家庭财产。持有当地常住户口的居民，凡共同生活的家庭成员人均收入低于当地低保标准（目前我县执行的标准是每人每年4700元），且家庭财产状况符合当地人民政府有关规定条件的，可以按规定程序认定为低保对象。

第八条 共同生活的家庭成员,是指具有法定赡养、抚养、扶养关系并长期共同居住的成员,具体包括:

(一)配偶;

(二)父母与未成年子女(包括养子女、继子女、非婚生子女);

(三)已成年但不能独立生活的子女,包括在校接受大学本科及其以下学历教育的成年子女;

(四)其他具有法定赡养、抚养、扶养关系并长期共同居住的人员。

第九条 下列人员不计入共同生活的家庭成员:

(一)由人民法院宣告失踪人员;

(二)连续3年(含3年)脱离家庭独立生活的宗教教职人员;

(三)在监狱内服刑的人员和在强制隔离戒毒所内执行强制隔离戒毒的人员。

第十条 家庭收入是指共同生活的家庭成员在规定期限内的全部可支配收入,包括扣除缴纳的个人所得税及个人按规定缴纳的社会保障性支出后的工资性收入、经营性净收入、财产性收入和转移性收入等现金和实物收入。

家庭人均收入是指家庭总收入除以共同生活的家庭成员人数所得到的平均数。

第十一条 家庭财产是指共同生活家庭成员拥有的全部动产和不动产,主要包括:

(一)现金、银行存款、商业保险、证券、基金、互联网理财、债权等金融资产;

(二)机动车辆(残疾人功能性补偿代步车除外,下同)、船舶;

(三)房屋、地产;

(四)开办或者投资企业、个体工商户、农民专业合作社等形成的资产;

(五)其他财产。

第十二条 家庭成员有下列行为之一的,应当暂缓或者不予受理其低保申请:

(一)在法定劳动就业年龄段内,有劳动能力无正当理由拒绝就业或者拒绝从事生产劳动的;

(二)拒绝配合低保经办机构或者经办人员对其家庭状况进行调查,致使无法核实家庭收入和财产的;

(三)故意隐瞒家庭人口、收入和财产状况,或者提供虚假申请材料的;

（四）通过离婚、赠予、转让等方式放弃自己应得财产，或者放弃法定应得赡养费、抚养费、扶养费和其他合法资产及收入的；

（五）法定赡养、抚养、扶养人有赡养、抚养、扶养能力，但未依法履行义务，致使申请人家庭人均收入低于当地低保标准的；

（六）具备生产劳动能力和条件，人为闲置承包土地的；

（七）自费安排子女出国留学，择校就读的；

参 考 文 献

[1] 阿马蒂亚·森. 贫困与饥荒——论权利与剥夺（第 1 版）[M]. 王宇，王文玉，译. 北京：商务印书馆，2004.

[2] 阿马蒂亚·森. 以自由看待发展（第 1 版）[M]. 任赜等，译. 北京：中国人民大学出版社，2013.

[3] 阿瑟·塞西尔·庇古. 福利经济学 [M]. 金镝，译. 北京：华夏出版社，2013.

[4] 安超. 中国农村低保精准识别的内在困境——贫困可见性与瞄准偏误及其解决思路 [J]. 公共行政评论，2019，12 (6)：125-202.

[5] 安格斯·迪顿. 逃离不平等：健康、财富及不平等的起源 [M]. 北京：中信出版社，2014.

[6] 白描. 扶贫政策对农民主观福祉的影响分析 [J]. 兰州大学学报（社会科学版），2018，46 (5)：84-90.

[7] 白维军. 精准扶贫对欧美反贫困理论的借鉴与发展 [J]. 中国人力资源社会保障，2018 (9)：53.

[8] 蔡昉. 户籍制度改革与城乡社会福利制度统筹 [J]. 经济学动态，2010 (12)：3-10.

[9] 曹清华. 德国社会救助制度的反贫困效应研究 [J]. 德国研究，2008 (3).

[10] 曹清华. 瑞典现代社会救助制度的反贫困效应研究 [J]. 社会主义研究，2008 (2).

[11] 曹清华. 英国现代社会救助制度的反贫困效应研究 [J]. 河南师范大学学报（哲学社会科学版），2010 (5).

[12] 陈成文，陈建平. 社会组织与贫困治理：国外的典型模式及其政策启示 [J]. 山东社会科学，2018，271 (3)：58-66.

[13] 陈志，丁士军，吴海涛. 帮扶主体、帮扶措施与帮扶效果研究——

基于华中 L 县精准扶贫实绩核查数据的实证分析 [J]. 财政研究, 2017 (10).

[14] 程令国, 张晔, 刘志彪. "新农保" 改变了中国农村居民的养老模式吗? [J]. 经济研究, 2013 (8): 42 – 54.

[15] 邓剑秋. 马克思主义中国化思想 [M]. 北京: 人民出版社, 2009: 186.

[16] 邓小海, 曾亮, 罗明义等. 云南乌蒙山片区所属县旅游扶贫效应分析 [J]. 生态经济, 2015, 31 (2): 134 – 138.

[17] 丁淑娟, 陈宗义, 陈祖胜, Ye Bai. 期限匹配、交易成本与农户意愿融资期限——来自山东省近万农户调研的证据 [J]. 中国农村经济, 2017 (11): 62 – 74.

[18] 范从来, 谢超峰. 益贫式经济增长与中国特色社会主义共同富裕的实现 [J]. 中国经济问题, 2018 (3): 3 – 12.

[19] 范从来, 益贫式增长与中国共同富裕道路的探索 [J]. 经济研究, 2017 (12): 14 – 16.

[20] 龚锋, 李智, 雷欣. 努力对机会不平等的影响: 测度与比较 [J]. 经济研究, 2017 (3): 76 – 90.

[21] 龚六堂, 苗建军. 动态经济学方法 (第 3 版) [M]. 北京: 北京大学出版社, 2014.

[22] 苟天来, 唐丽霞, 王军强. 国外社会组织参与扶贫的经验和启示 [J]. 2016 (7).

[23] 郭建宇, 白婷. 产业扶贫的可持续性探讨——以光伏扶贫为例 [J]. 经济纵横, 2018 (7): 106 – 116.

[24] 郭晓鸣, 虞洪. 具有区域特色优势的产业扶贫模式创新——以四川省苍溪县为例 [J]. 贵州社会科学, 2018, 341 (5): 142 – 150.

[25] 郭新平, 赵瑞宁. 农民专业合作社参与精准扶贫的运行方式——基于山西省 L 县 Y 乡的实证研究 [J]. 山西农业大学学报 (社会科学版), 2018 (2).

[26] 韩华为. 代理家计调查、农村低保瞄准精度和减贫效应——基于中国家庭金融调查的实证研究 [J]. 社会保障评论, 2021, 5 (2): 93 – 109.

[27] 韩华为, 高琴. 中国农村低保制度的瞄准精度和减贫效果——基于 2013 和 2018 年 CHIP 数据的实证分析 [J]. 公共管理学报, 2021, 18 (4): 78 – 171.

[28] 何晖, 李小琴. 新农保政策对农村居民消费的影响评估 [J]. 江西财经大学学报, 2020 (6): 61-72.

[29] 何仁伟, 李光勤, 刘邵权, 等. 可持续生计视角下中国农村贫困治理研究综述 [J]. 中国人口·资源与环境, 2017, 27 (11): 69-85.

[30] 何欣, 朱可涵. 农户信息水平、精英俘获与农村低保瞄准 [J]. 经济研究, 2019, 54 (12): 150-164.

[31] 何植民, 朱云鹏. 构建脱贫 "可持续性" 的评估体系 [J]. 中国行政管理, 2021, 437 (11): 151-153.

[32] 洪灏琪, 马源聪, 宁满秀. 捆绑还是松绑: 农村居民社会养老保险参与激励与政策取向研究 [J]. 农业经济问题, 2019 (4): 98-107.

[33] 胡晗, 司亚飞, 王立剑. 产业扶贫政策对贫困户生计策略和收入的影响——来自陕西省的经验证据 [J]. 中国农村经济, 2018 (1): 78-89.

[34] 胡馨. 什么是 'Social Entrepreneureship' (公益创业) [J]. 经济社会体制比较, 2006 (2).

[35] 黄承伟, 覃志敏. 我国农村贫困治理体系演进与精准扶贫 [C]. 中国国际扶贫中心, 2015.

[36] 黄娟娟, 王国成, 尚华. "第一书记" 驻村的贫困农户增收效应研究 [J]. 西部论坛, 2018 (12): 50-55.

[37] 黄志岭. 自我雇用能否提高农民收入 [J]. 农业经济问题 (月刊), 2017 (11).

[38] 黄志平. 国家级贫困县的设立推动了当地经济发展吗?——基于 PSM-DID 方法的实证研究 [J]. 中国农村经济, 2018, 401 (5): 98-111.

[39] 黄祖辉, 王朋. 农村土地流转: 现状、问题及对策 [J]. 浙江大学学报 (社科版). 2008 (2): 38-47.

[40] 黄祖辉, 叶海键, 胡伟斌. 推进共同富裕: 重点、难题与破解 [J/OL]. 中国人口科学, 2021 (6): 2-11.

[41] 江克忠, 刘生龙. 收入结构、收入不平等与农村家庭贫困 [J]. 中国农村经济, 2017 (8): 75-90.

[42] 蒋永甫, 莫荣妹. 干部下乡、精准扶贫与农业产业化发展——基于 "第一书记产业联盟" 的案例分析 [J]. 贵州社会科学, 2016, 317 (5): 162-168.

[43] 揭子平, 丁士军. 农户多维贫困测度及反贫困对策研究——基于湖

北省恩施市的农户调研数据 [J]. 农村经济, 2016 (4).

[44] 金梅, 申云. 易地扶贫搬迁模式与农户生计资本变动——基于准实验的政策评估 [J]. 广东财经大学学报, 2017 (5).

[45] 李朝晖, 贺文红. 精准扶贫目标下贫困农户增信路径探索——以保证保险贷款和联保贷款为例 [J]. 西部论坛, 2018 (11): 42 – 49.

[46] 李海舰, 杜爽. 推进共同富裕若干问题探析 [J]. 改革, 2021 (12): 1 – 15.

[47] 李江一, 李涵. 新型农村社会养老保险对老年人劳动参与的影响 [J]. 经济学动态, 2017 (3): 62 – 73.

[48] 李霖, 郭红东. 产业组织模式对农户种植收入的影响——基于河北省、浙江省蔬菜种植户的实证分析 [J]. 中国农村经济, 2017 (9).

[49] 李旻, 张广胜, 蓝海涛, 周静. 中国新农村建设变化的省级层面跟踪研究——基于辽宁省 2006 年与 2015 年 "百村千户" 调查数据比较分析 [J]. 农业经济问题, 2017 (6).

[50] 李培林, 王晓毅. 移民、扶贫与生态文明建设宁夏生态移民调研报告 [J]. 宁夏社会科学, 2013 (3): 52 – 60.

[51] 李培林, 朱迪. 努力形成橄榄型分配格局——基于 2006 ~ 2013 年中国社会状况调查数据的分析 [J]. 中国社会科学, 2015 (1): 45 – 65.

[52] 李琴, 杨松涛, 张同龙. 社会保障能够替代土地保障吗——基于新农保对土地租出意愿租金的影响研究 [J]. 经济理论与经济管理, 2019 (7): 61 – 74.

[53] 李实, 史新杰, 陶彦君等. 以农村低收入人口增收为抓手促进共同富裕: 重点、难点与政策建议 [J]. 农业经济问题, 2023, 518 (2): 4 – 19.

[54] 李涛, 朱俊兵, 伏霖. 聪明人更愿意创业吗? ——来自中国的经验发现 [J]. 经济研究, 2017 (3): 91 – 105.

[55] 李小云, 董强. 农户脆弱性分析方法及其本土化应用 [J]. 中国农村经济, 2007 (4): 54 – 63.

[56] 李烨. 中国乡村旅游业扶贫效率研究 [J]. 农村经济, 2017 (5).

[57] 李周. 中国的生态扶贫评估和生态富民展望 [J]. 求索, 2021, 327 (5): 14 – 24.

[58] 李周. 中国走向共同富裕的战略研究 [J]. 中国农村经济, 2021, 442 (10): 2 – 23.

[59] 梁虎，罗剑朝，张珩. 农地抵押贷款借贷行为对农户收入的影响——基于 PSM 模型的计量分析 [J]. 农业技术经济，2017 (10)：106 - 118.

[60] 林乐芬，顾庆康. 农户入股农村土地股份合作社决策和绩效评价分析——基于江苏 1831 份农户调查 [J]. 农业技术经济，2017 (11).

[61] 刘建民，欧阳玲，毛军. 财政分权、经济增长与政府减贫行为 [J]. 中国软科学，2018 (6)：139 - 150.

[62] 刘艳华，朱红莲. 农业信贷配给与农村居民收入的地区差异——基于平滑转换模型的阐释 [J]. 农业技术经济，2017 (10).

[63] 龙祖坤，杜倩文，周婷. 武陵山区旅游扶贫效率的时间演进与空间分异 [J]. 经济地理，2015，35 (10)：210 - 217.

[64] 陆汉文，李文君. 信息不对称条件下农村低收入家庭识别偏离的过程与逻辑——以豫西一个建档立卡贫困村为例 [J]. 中国农村经济，2016 (7).

[65] 吕国范. 发达国家资源产业扶贫的模式及经验启示 [J]. 商业时代 2014 (10)：120 - 121.

[66] Theodore W. Schultz. 论人力资本投资 [M]. 北京：北京经济学院出版社，1992.

[67] 马光荣，周广肃. 新型农村养老保险对家庭储蓄的影响：基于 CFPS 数据的研究 [J]. 经济研究，2014 (11)：116 - 129.

[68] 马克思恩格斯选集. 第 2 卷 [M]. 北京：人民出版社，1972：98 - 119.

[69] 马克思. 资本论. 第 3 卷 [M]. 北京：人民出版社，1975：919 - 999.

[70] 马克思. 资本论. 第 1 卷 [M]. 北京：人民出版社，1975.

[71] Harrell Rodgers. 美国的贫困与反贫困（第 2 版）[M]. 刘杰，译. 北京：中国社会科学出版社，2012.

[72] 莫光辉，张玉雪. 大数据背景下的精准扶贫模式创新路径——精准扶贫绩效提升机制系列研究之十 [J]. 理论与改革，2017 (1).

[73] 宁国强，兰庆高，武翔宇. 种粮大户正规信贷供需规模影响因素及贡献率测度 [J]. 农业技术经济，2017 (6).

[74] 欧阳葵，王国成. 社会福利函数与收入不平等的度量——一个罗尔斯主义视角 [J]. 经济研究，2014 (2)：87 - 100.

[75] 彭华岗. 企业社会责任标准研究 [J]. 标准科学, 2009 (2).

[76] 蒲鲁东. 贫困的哲学 (第1版) [M]. 余叔通, 王雪华, 译. 北京: 商务印书馆, 2010: 828 - 851.

[77] 蒲晓红, 徐咪. 农村最低生活保障制度对农村收入分配差距的调节效果 [J]. 新疆师范大学学报 (哲学社会科学版), 2021, 42 (3): 130 - 144。

[78] 钱忠好、王兴稳. 农地流转何以促进农户收入增加——基于苏、桂、鄂、黑四省 (区) 农户调查数据的实证分析 [J]. 中国农村经济, 2016 (10).

[79] 秦聪, 郭婧. 中国新农保制度的实践与问题分析 [J]. 数量经济技术经济研究, 2021, 38 (5): 21 - 38.

[80] 阮荣平, 郑风田, 刘力. "新农保" 提高参保农民对地方政府的满意度了吗? [J]. 公共管理学报, 2020 (3): 100 - 112.

[81] 萨米尔·阿明. 不平等发展 [M]. 北京: 商务印书馆, 1973.

[82] 萨米尔·阿明. 世界范围的积累 [M]. 北京: 社科文献出版社, 1970.

[83] 申云, 张尊帅, 贾晋. 农业供应链金融扶贫研究展望——金融减贫机制和效应文献综述及启示 [J]. 西部论坛, 2018 (9) 30 - 36.

[84] 沈冰清, 郭忠兴. 新农保改善了农村低收入家庭的脆弱性吗? ——基于分阶段的分析 [J]. 中国农村经济, 2018 (1): 90 - 107.

[85] Steven M. Beaudoin. 世界历史上的贫困 (第1版) [M]. 杜鹃, 译. 北京: 商务印书馆, 2015.

[86] Karl Gunnar Myrdal. 世界贫困的挑战 (第1版) [M]. 顾朝阳, 张海红, 高晓宇, 叶立新, 译. 北京: 北京经济学院出版社, 1991.

[87] 舒全峰, 苏毅清, 张明慧, 王亚华. 第一书记、公共领导力与村庄集体行动——基于 CIRS "百村调查" 数据的实证分析 [J]. 公共管理学报, 2018 (7): 51 - 65.

[88] 苏芳. 农户生计风险对其生计资本的影响分析——以石羊河流域为例 [J]. 农业技术经济, 2017 (12).

[89] 孙伯驰, 段志民. 农村低保制度的减贫效果——基于贫困脆弱性视角的实证分析 [J]. 财政研究, 2020 (2): 113 - 128.

[90] 孙鲁云, 谭斌. 自我发展能力剥夺视角下贫困地区多维贫困的测度与分析——以新疆和田地区为例 [J]. 干旱区资源与环境, 2018 (2).

[91] 谈勇贤, 郭颂普. 惠金融与精准扶贫政策合力推进农村经济发展

[J]. 研究理论探讨, 2017 (6).

[92] 覃志敏, 岑家峰. 精准扶贫视域下干部驻村帮扶的减贫逻辑——以桂南 s 村的驻村帮扶实践为例 [J]. 贵州社会科学, 2017 (1).

[93] 田旭, 黄莹莹, 钟力, 王辉. 中国农村留守儿童营养状况分析 [J]. 经济学季刊, 2017 (10): 247 - 176.

[94] 涂圣伟. 面向共同富裕的农民增收长效机制构建 [J]. 改革, 2023 (1).

[95] 汪磊, 汪霞. 易地扶贫搬迁前后农户生计资本演化及其对增收的贡献度分析——基于贵州省的调查研究 [J]. 探索, 2016 (6): 93 - 98.

[96] 汪三贵, 郭子豪. 论中国的精准扶贫 [J]. 贵州社会科学, 2015 (5).

[97] 王国成. 收入差距演变的动因与机理——行为分析与微观模拟视角 (第 1 版) [M]. 北京: 经济科学出版社, 2014.

[98] 王汉杰, 温涛, 韩佳丽. 深度贫困地区农村金融能够有效缓解农户内部收入差距吗 [J]. 金融经济学研究, 2018 (9): 117 - 128.

[99] 王立剑, 叶小刚, 陈杰. 精准识别视角下产业扶贫效果评估 [J]. 中国人口?资源与环境, 2018, 28 (1): 113 - 123.

[100] 王丽艳, 马光荣. 财政转移支付对地区经济增长的影响——基于空间断点回归的实证研究 [J]. 经济评论, 2018 (2): 3 - 14.

[101] 王思铁. 精准扶贫: 改"漫灌"为"滴灌" [J]. 农业经济问题, 2014 (4).

[102] 王文龙. 中国包村运动的异化与扶贫体制转型 [J]. 江西财经大学学报, 2015, No. 98 (2): 81 - 87.

[103] 王小林, Sabina Alkire. 中国多维贫困测量: 估计和政策含义 [N]. 中国农村经济, 2009 (12).

[104] 王小增, 王林萍. "新农保"拉近了父母与子女的空间距离吗——基于 CHARLS 数据的实证分析 [J]. 农业技术经济, 2020 (6): 90 - 102.

[105] 王晓毅. 精准扶贫与驻村帮扶 [J]. 国家行政学院学报, 2016, No. 102 (3): 56 - 62

[106] 魏后凯. 中国农业发展的结构性矛盾及其政策转型 [J]. 中国农业经济, 2017 (5).

[107] 温兴祥, 程超. 教育有助于提高农村居民的创业收益吗? ——基

于 CHIP 农村住户调查数据的三阶段估计 [J]. 中国农村经济, 2017 (9).

[108] 吴敬琏. 农村剩余劳动力转移与三农问题 [J]. 宏观经济研究, 2002 (6): 6-9.

[109] Oscar Lewis. 五个家庭: 墨西哥贫穷文化案例研究 [M]. 1959.

[110] 习近平. 奋力实现第一个百年奋斗目标——关于全面建成小康社会 [J]. 前进, 2016 (7): 14-18.

[111] 夏英, 王海英. 实施《乡村振兴促进法》: 开辟共同富裕的发展之路 [J]. 农业经济问题, 2021 (11): 20-30.

[112] 夏玉莲, 匡远配. 农地流转的多维减贫效应分析——基于 5 省 1218 户农户的调查数据 [J]. 中国农村经济, 2017 (9).

[113] 解垩. 公共转移支付对再分配及贫困的影响研究 [J]. 经济研究, 2017 (9): 103-116.

[114] 谢谦, 薛仙玲, 付明卫. 断点回归设计方法应用的研究综述 [J]. 经济与管理评论, 2019 (2): 69-79.

[115] 邢成举. 产业扶贫与扶贫产业化——基于广西扶贫产业的案例研究 [J]. 西南大学学报 (社会科学版), 2017, 43 (5): 63-70.

[116] 徐凤增, 袭威, 徐月华. 乡村走向共同富裕过程中的治理机制及其作用——一项双案例研究 [J]. 管理世界, 2021, 37 (12): 134-152, 196.

[117] 徐龙顺, 李婵, 黄森慰. 精准扶贫中的博弈分析与对策研究 [J]. 农村经济, 2016 (8).

[118] 徐涛, 史雨星, Chien Hsiaoping, 乔丹, 赵敏娟. 多维贫困与农户杂粮生产技术效率——基于凉山彝族自治州的微观数据 [J]. 重庆大学学报, 2018 (9).

[119] 徐志刚, 宁可, 钟甫宁, 等. 新农保与农地转出: 制度性养老能替代土地养老吗?——基于家庭人口结构和流动性约束的视角 [J]. 管理世界, 2018 (5): 86-97.

[120] 许汉泽, 李小云. 精准扶贫视角下产业项目的运作困境及其解释——以华北 W 县的竞争性项目为例 [J]. 中国农业大学学报 (社会科学版), 2016 (4).

[121] 许恒周、郭玉燕、吴冠岑. 农民分化对耕地利用效率的影响——基于农户调查数据的实证分析 [J]. 中国农村经济, 2012 (6).

[122] Karl Gunnar Myrdal. 亚洲的戏剧——南亚国家贫困问题研究（第1版）[M].（美国）塞. 思金缩写. 方福前，译. 北京：商务印书馆，2015.

[123] 闫坤，刘轶芳. 中国特色的反贫困理论与实践研究（第1版）[M]. 北京：中国社会科学出版社，2016.

[124] 杨芳. 驻村"第一书记"与村庄治理变革 [J]. 学习论坛，2016，32（2）：52-55.

[125] 杨立雄. 低收入群体共同富裕问题研究 [J]. 社会保障评论，2021，20（4）：70-86.

[126] 杨明婉，张乐柱，颜梁柱. 基于家庭禀赋视角的农户家庭非正规金融借贷行为研究 [J]. 金融经济学研究，2018（9）：105-116.

[127] Amartya Sen. 以自由看待发展 [M]. 任颐，于真，译. 北京：中国人民大学出版社，2002.

[128] 易定红，赵一凡. 新农保养老金政策效果评估——基于老年人生活幸福感的实证研究 [J]. 经济理论与经济管理，2021，41（6）：99-112.

[129] 易棉阳. 论习近平的精准扶贫战略思想 [J]. 贵州社会科学，2016（5）：139-144.

[130] 殷浩栋，王瑜，汪三贵. 贫困村互助资金与农户正规金融、非正规金融：替代还是互补？[J]. 金融研究，2018（5）：120-136.

[131] 游士兵，张颖莉. 资产贫困测量问题研究进展 [J]. 经济学动态，2017（10）：145-158.

[132] 岳希明，周慧，徐静. 政府对居民转移支付的再分配效率研究 [J]. 经济研究，2021，648（9）：4-20.

[133] 曾福生. 农地产权认知状况与流转行为牵扯：湘省398户农户样本 [J]. 改革，2012（4）.

[134] 张川川，John. Giles，赵耀辉. 新型农村社会养老保险政策效果评估——收入、贫困、消费、主观福利和劳动供给 [J]. 经济学（季刊），2014（10）：203-230.

[135] 张芳芳，陈习定，林学宏，等. "新农保"对农村居民消费的影响 [J]. 农业经济问题，2017（8）：17-24.

[136] 张广财，张世虎，顾海英. 农户收入、土地保障与农地退出——基于长三角地区微观调查数据的实证分析 [J]. 经济学家，2020（9）：104-116.

［137］张晋华、冯开文、黄英伟.农民专业合作社对农户增收绩效的实证研究［J］.中国农村经济，2012（9）.

［138］张琦.精准扶贫助推我国贫困地区2020年如期脱贫［J］.经济研究参考，2015（6）.

［139］张全红.中国多维贫困的动态变化：1991－2011［J］.财经研究，2015，41（4）：31－41.

［140］张增焕，陶汪，张艳龙等.机身壁板LBW结构DFR值试验测定及理论计算［J］.哈尔滨工业大学学报2018（11）.

［141］张昭，杨澄宇，袁强."收入导向型"多维贫困的识别与流动性研究——基于CFPS调查数据农村子样本的考察［J］.经济理论与经济管理，2017，36（2）：98－112.

［142］赵晓峰，邢成举.农民合作社与精准扶贫协同发展机制构建：理论逻辑与实践路径［J］.农业经济问题（月刊），2016（4）.

［143］赵志君.收入分配与社会福利函数［J］.数量经济技术经济研究，2011（2）.

［144］郑秉文.非缴费型养老金："艾伦条件"下农村养老保险制度变迁与改革出路［J］.华中科技大学社会科学版，2020（3）：2－18.

［145］郑瑞强，王英.精准扶贫政策初探［J］.财政研究，2016（2）.

［146］郑晓冬，上官霜月，方向明.新型农村社会养老保险政策效果的研究综述［J］.农业经济问题，2020（5）：79－91.

［147］中共中央办公厅　国务院办公厅［2013］25号文件关于创新机制扎实推进农村扶贫开发工作的意见［Z］.2013.

［148］周广肃，张玄逸，贾坤，等.新型农村社会养老保险对消费不平等的影响［J］.经济学（季刊），2020（4）：1467－1490.

［149］周锟.从"北方谈话"到"南方谈话"——邓小平对社会主义本质的认识历程［J］.党的文献，2013（6）：58－65.

［150］周钦，蒋炜歌，郭昕.社会保险对农村居民心理健康的影响——基于CHARLS数据的实证研究［J］.中国经济问题，2018（9）：125－136.

［151］周艳，侯石安，胡联.财政专项扶贫的减贫效应分析——基于农村居民收入分组数据的实证检验［J］.财贸研究，2018（7）：55－66.

［152］庄天慧，杨浩，蓝经星著.多维贫困与贫困治理（第1版）［M］.湖南：湖南人民出版社，2018.

［153］左停，赵梦媛，金菁．路径、机理与创新：社会保障促进精准扶贫的政策分析［J］．华中农业大学学报（社会科学版），2018（1）．

［154］Acemoglu, D. Introduction to Modern Economic Growth. Princeton［A］. NJ：Princeton Univ. Press, 2008.

［155］Acemoglu, D. , J. Robinson, and T. Verdier. Asymmetric Growth and Institutions in an Interdependent World［J］. Journal of Political Economy, 2017, 125（5）：1245 – 1305.

［156］Acemoglu, D. , U. Akcigit, D. Hanley, and W. Kerr. Transition to Clean Technology［J］. Journal of Political Economy, 2016, 124（1）：52 – 104.

［157］Aghion, P. , and P. Howitt. A Model of Growth through Creative Destruction［J］. Econometrica, 1992, 60（2）：323 – 351.

［158］Akcigit, U. , and W. R. Kerr. Forthcoming. "Growth through Heterogeneous Innovations"［J］. Journal of Political Economy, 2018, 126（4）：1374 – 1443.

［159］Akcigit, U. , D. Hanley, and N. Serrano – Velarde. Back to Basics：Basic Research Spillovers, Innovation Policy and Growth［J］. Discussion Paper no. 11707, Centre Econ. Policy Res, London, 2016.

［160］Akcigit, U. , J. Grigsby, and T. Nicholas. The Rise of American Ingenuity：Innovation and Inventors of the Golden Age［J］. Working Paper no. 23047, NBER, Cambridge, MA, 2017.

［161］Alkire, S. & Foster J. Counting and multidimensional poverty measurement［J］. Journal of public Economics, 2010, 95（7）：476 – 487.

［162］Alvarez, F. E. , F. J. Buera, and R. E. Lucas Jr. Models of Idea Flows［J］. Working Paper no. 14135, NBER, Cambridge, MA, 2008.

［163］Arndt C, Jones S, Tarpf. Aid, growth, and development：have we come full circle［J］. Journal of Globalization and Development, 2010, 1（2）：5 – 34.

［164］Barro, R. J. , and G. S. Becker. Fertility Choice in a Model of Economic Growth［J］. Econometrica, 1989, 57（2）：481 – 501.

［165］Becker, G. S. , and R. J. Barro. A Reformulation of the Economic Theory of Fertility［J］. Quarterly Journal of Economics, 1988, 103（1）：1 – 25.

［166］Becker, G. S. An Economic Analysis of Fertility［A］. In Demographic and Economic Change in Developed Countries [C]. New York: Columbia Univ. Press (for NBER), 1960: 209 – 240.

[167] Becker, S. & Ichino, A. Estimation of Average Treatment Effects Based on Propensity scores [J]. the Stata Journal, 2002, 2 (4): 358 – 377.

[168] Benjaminsen, T. A. Natural Resource Management, Paradigm Shifts, and the Decentralization Reform in Mali [J]. Journal of Human Ecology, 1997, 25 (1): 121 – 143.

[169] Bourguignon, F. , M. Fournier, and M. Gurgand, Selection Bias Corrections Based on the Multinomial Logit Model: Monte Carlo Comparisons [J]. Journal of Economic Surveys, 2007, 21 (1): 174 – 205.

[170] Braid, Mary. NGOs in France and Britain [J]. 2003.

[171] Caner, A. & E. N. Wolff. Asset poverty in the United States, 1984 – 1999 [J]. Challenge, 2004, 47 (1): 5 – 52.

[172] Carter, M. R. & C. B. Barrett. The economics of poverty traps and persistent poverty: An asset-based approach [J]. Journal of Development Studies, 2006, 42 (2): 178 – 199.

[173] Carter, M. R. & J. May. One kind of freedom: Poverty dynamics in post-apartheid South Africa [J]. World Development, 1999, 29 (12): 1987 – 2006.

[174] Carter, M. R. & T. J. Lybbert. Consumption versus asset smoothing: Testing the implications of poverty trap theory in Burkina Faso [J]. Journal of Development Economics, 2012, 99 (2): 255 – 264.

[175] Cass, D. Optimum Growth in an Aggregative Model of Capital Accumulation [J]. Rev. Econ. Studies, 1965, 32 (3): 233 – 240.

[176] D'Aspremont C, and L. Gevers. Equity and Information Basis of Collective Choice [J]. Review of Economic Studies, 1977 (44): 199 – 210.

[177] D'Aspremont C, and L. Gevers. Social Welfare Functionals and Interpersonsal Comparability [A]. Handbook of Social Choice and Welfare, K. J. Arrow, A. K. Sen, and K. Suzumura, (eds.), Amsterdam: North – Holland [C]. 2002 (1): 459 – 541.

[178] Dehejia, R. H. & Wahba, S. Propensity Score-matching Methods for Nonexperimental Causal Studies [J]. Review of Economics and Statistics, 2002, 84

（1）：151 – 161.

［179］Deininger, K. , and S. Jin. The Impact of Property Rights on Household's Investment, Risk Coping, and Policy Preferences: Evidence from China ［J］. Economic Development and Cultural Change, 2003, 51 （4）: 851 – 882.

［180］Devine, T. J. Changes in Wage-and-salary Returns to Skill and the Recent Rise in Female Self-employment ［J］. American Economic Review, 1994, 84 （2）: 108 – 113.

［181］Eric Bonabeau. Agent-based modeling: Methods and techniques for simulating human systems ［J］. PNAS, 2002.

［182］Fischer, E. , and M. Qaim Linking Smallholders to Markets: Determinants and Impacts of Farmer Collective Action in Kenya ［J］. World Development, 2012, 40 （6）: 1255 – 1268.

［183］Foster, A. D. , and M. R. Rosenzweig. Learning by Doing and Learning from Others: Human Capital and Technical Change in Agriculture ［J］. Journal of Political Economy, 1995, 103 （6）: 1176 – 1209.

［184］Gilbert, N. Agent-based models, Series: quantitative applications in the social sciences ［J］. SAGE publications, 2008.

［185］Gong Liutang and Heng-fu Zou. Dynamic analysis of foreign aid, foreign borrowing, and capital accumulation ［J］. Review of Development Economics, 2001, 5 （1）: 105 – 118.

［186］Gong Liutang and Heng-fu Zou. Foreign aid reduces domestic capital accumulation and increase foreign borrowing: A theoretical analysis ［J］. Annals of Economics and Finance, 2000, 1 （1）: 147 – 164.

［187］Gong L, Zou H F. Foreign Aid Reduces Domestic Capital Accumulation and Increases Foreign Borrowing: A Theoretical Analysis ［J］. Annals of Economics and Finance, 2000, 1.

［188］Gong L, Zou H F. Foreign Aid Reduces Labor Supply and Capital Accumulation ［J］. Review of Development Economics, 2001.

［189］Grossman, G. , and E. Helpman. Innovation and Growth in the World Economy. Cambridge, MA: MIT Press. , 1991.

［190］Heckman, J. J, H . Ichimura, & P. E. Todd. Matching as an Econometric Evaluation Estimator: Evidence from Evaluating a Job Training programme

[J]. Review of Economic Studies, 1997 (64): 605 - 654.

[191] Heckman, J. J. , H. Ichimura, & P. E. Todd. Matching as an Econometric Evaluation Estimator [J]. Review of Economic Studies, 1998 (65): 261 - 294.

[192] Hellin, J. , M. Lundy, M. . Meijer, R. Meinzendick, H. Markelova, and S. Dohrn, Farmer Organization, Collective Action and Market Access in Meso - America [J]. Food Policy, 2009, 34 (1): 16 - 22.

[193] Hilton, Matthew, J. McKay, N. Crowson and J. Mouhot. The Big Society: Civic Participation and the State in Modern Britain [J]. 2010.

[194] Hofmann E. Supply Chain Finance: some conceptual insights [J/OL]. Logistik Management - Innovative Logistikkonzepte, Wiesbaden2005 (S): 203 - 214.

[195] Howitt, P. Steady Endogenous Growth with Population and R&D Inputs Growing [J]. Journal of Political Economy, 1999. , 107 (4): 715 - 30 Journal of Political Economy, 98, no. 5, pt. 2 (October): S12 - S37.

[196] J. Friege, G. Holtz, E. J. Chappin. Exploring homeowners' insulation activity [J]. Artif. Soc. Soc. Simul, 2016 (19).

[197] J. Friege. Increasing homeowner's insulation activity in Germany: An empirically grounded agent-based model analysis [J]. Energy and Buildings, 2016 (128): 756 - 771.

[198] J. Hoddinott. Conditional Cash Transfer Programs. Washington, D. C. , International Food Policy Research Institute, 2000.

[199] Jodha, N. S. The Decline of Common Property Resources in Rajasthan, India [J]. Pastoral Development Network Papers 22c. Agricultural Administration Unit AP India, 1986.

[200] Johannes F. Schmieder, Till von Wachter, and Stefan Bender. The effect of unemployment benefits and nonemployment durations on wages [J]. American Economic Review, 2016, 106 (3): 739 - 777.

[201] Jones, C. I. R&D - Based Models of Economic Growth [J]. Journal of Political Economy, 103 (4): 759 - 84. 2016. "Life and Growth. " Journal of Political Economy, 1995, 124 (2): 539 - 578.

[202] Katz, M. L. , and C. Shapiro. Technology Adoption in the Presence of

Network Externalities [J]. Journal of Political Economy, 1986, 94 (4): 822 – 841.

[203] Kemper N., L. V. Ha,, and R. Klump. Property Rights and Consumption Volatility: Evidence from a Land Reform in Vietnam [J]. World Development, 2015, 71 (C): 107 – 130.

[204] Koopmans, T. C. On the Concept of Optimal Economic Growth [J]. In the Econometric Approach to Development Planning, 1965, 225 – 300. Amsterdam: North – Holland (for Pontificia Acad. Sci.).

[205] L. B. Rawlings. A New Approach to Social Assistance: Latin America's Experience with Conditional Cash Transfer programmes [J]. International Social Security Review, 2005, 58 (2 – 3): 133 – 161.

[206] Levine R, Kunta, Beck T. Finance, inequality and the poor [J]. Journal of Economic Growth, 2007, 12 (1): 27 – 49.

[207] Lian, Y., Su, Z. & Gu, Y. Evaluating the Effects of Equity Incentives Using PSM: Evidence from China [J]. Frontiers of Business Research in China, 2011, 5 (2): 266 – 290.

[208] Maitra, P. & Ray, R.. The Effect of Transfers on Household Expenditure Patterns and Poverty [J]. Journal of Development Economics, Vol. 71, No. 1, 2003: 23 – 49.

[209] Ma, W. L., and A. Abdulai. Linking Apple Farmers to Markets: Determinants and Impacts of Marketing Contracts in China [J]. China Agricultural Economic Review, 2016, 8 (1): 2 – 21.

[210] Meinzen R, Adato M. Integrated management for sustainable agriculture, forestry and fishery, applying the sustainable livelihoods framework to impact assessment in integrated natural resource management [J]. American Journal of Neuroradiology, 2008, 26 (8): 192 – 208.

[211] Mohapatra, S., Rozelle, S. & Goodhue, R. The Rise of Self-employment in Rural China: Development or Distress? [J]. World Development, 2007, 35 (1): 163 – 181.

[212] Moser, C. Asset accumulation policy and poverty reduction [A]. in: C. Moser (ed), Reducing Global Poverty [C]. Brookings Institution Press, 2007.

[213] M. S. Premapriya, and L. Manivannan. Self-help Groups for Poverty Al-

leviation: A Case Study of Krishnagiri District [J]. Indian Streams Research Journal, 2013 (2).

[214] Murphy, K. M. , A. Shleifer, and R. W. Vishny. Industrialization and the Big Push [J]. Journal of Political Economy, 1989, 97 (5): 1003 – 1026.

[215] Neil, W. , A. Mick, K. Nguyen, H. N. Ngo and C. Thanh, Property Rights and the Social Incidence of Mangrove Conversion in Vietnam [J]. CSERGE Working Paper GEC, 1997, 97 – 21.

[216] Nguyen C H. Access to Credit and Borrowing Behavior of Rural Households in a Transition Economy [J]. International Conference on Rural Finance Research: Moving Results into Policies and Practice. Rome, Italy, 2007 (3): 19 – 21.

[217] Nikkhah, H. A. and M. B. Redzuan, The Role of NGOs in Promoting Empowerment for Sustainable Community Development [J]. Journal of Human Ecology, 2010 (30): 85 – 92.

[218] Obstfeld M. International Capital Mobility in the 1990s [M]. 1995.

[219] Parente, S. L. , and E. C. Prescott. Barriers to Technology Adoption and Development [J]. Journal of Political Economy, 1994, 102 (2): 298 – 321.

[220] P. J. Gertler. The Impact of progress on Health, Washington, D. C. , International Food Policy Research Institute, 2000.

[221] Pomeroy, R. S. and B. C. Melvin. Community-based Coastal Resource Management in the Philippines: A Review and Evaluation of Programs and Projects, 1984 – 1994 [J]. Marine Policy, 1997 (21): 445 – 464.

[222] Ramsey, F. P. A Mathematical Theory of Saving [J]. Econ. J, 1928, 38 (152): 543 – 559.

[223] Romer C D. The Prewar Business Cycle Reconsidered: New Estimates of Gross National Product, 1869 – 1918 [J]. NBER Working Papers, 1986, 97 (1): 1 – 37.

[224] Rosenbaum, P. R. & D. B. Rubin. The Central Role of the Propensity Score in Observational Studies for Causal Effects [J]. Biometrika, 1983, 70 (1): 41 – 55.

[225] Rosenstein – Rodan, P. N. Problems of Industrialisation of Eastern and South – Eastern Europe [J]. Econ. J. 1943, 53 (210/211): 202 – 211.

[226] Sabina Alkire, James Foster. Counting multidimensional poverty measurement [J]. Journal of Public Economics, 2011 (8).

[227] Sahn, D. E. & Alderman, H.. The Effect of Food Subsidies on Labor Supply in Sri Lanka. Economic Development & Cultural Change, Vol. 45, No. 1, 1996: 125 – 145.

[228] Solow, R. M. A Contribution to the Theory of Economic Growth [J]. the Quarterly Journal of Economics, 1956, 70 (1): 65 – 94.

[229] S. Parker, E. Skoufias. the Impact of progress on Work, leisure, and Time Allocation [J]. Washington, D. C. , International Food Policy Research Institute, 2000 (10).

[230] Stephen, L. , Parente, Edward, C. , & Prescott. Barriers to technology adoption and development. Journal of Political Economy, 1994, 102 (2): 298 – 321.

[231] Swan, T. W. Economic Growth and Capital Accumulation [J]. Economic Record, 1956, 32 (2): 334 – 361.

[232] Tolno, E. , H. Kobayashi, M. Ichizen, M. Esham, and B. S. Balde. Economic Analysis of the Role of Farmer Organizations in Enhancing Smallholder Potato Farmers' Income in Middle Guinea [J]. Journal of Agricultural Science, 2015, 7 (3): 123 – 137.

[233] Ufuk Akcigit. Economic Growth: "The Past, the Present, and the Future" [J]. Journal of Political Economy, 2017 (12): 1736 – 1745.

[234] You, J.. Asset-based poverty transition and persistence in rural China [J]. Agricultural Economics, 2017, 48 (2): 219 – 239.

[235] Y. T. Yap, G. Sedlacek, P.. Orazem. Limiting child Labour through Behavior-based Income Transfers: An experimental Evaluation of the PETI Program in Rural Brazil [J]. Washington, D. C. , World Bank, 2001.